El hombre gratis

COLECCIÓN DE ENSAYO

La Huerta Grande

Mario Jaramillo

EL HOMBRE GRATIS

La
Huerta
Grande
2024

Madrid, septiembre 2024

EDITA: La Huerta Grande Editorial

         Serrano, 6. 28001 Madrid

         www.lahuertagrande.com

Reservados todos los derechos de esta edición

ISBN: 978-84-18657-59-7

D. L.: M-13858-2024

Diseño cubierta: Editorial La Huerta Grande según idea original de Tresbien Comunicación

Imprime: Gracel Asociados, C. Valgrande, 15. 28108 Alcobendas, Madrid

Impreso en España/*Printed in Spain*

Sobrevendrá el hombre gratis. Sí: el hombre gratis. Aquel que servirá en su tiempo libre a los intereses ajenos. No se le pagará nada por esas horas de trabajo y los ejércitos de obreros modernos estarán conformados por seres felices que alimentarán las máquinas cibernéticas del futuro. Será una servidumbre a conciencia. La deshumanización programada. No quedarán ya hombres pensantes, esos hombres de equipaje vigoroso.

Marius, El mar de Camus

No siendo nada verdadero ni falso, bueno o malo, la regla consistirá en mostrarse el más eficaz, o sea, el más fuerte. El mundo ya no se dividirá entonces en justos e injustos, sino en amos y esclavos.

Albert Camus, El hombre rebelde

En la Era de la Inteligencia Artificial estamos obligados a definir, con exactitud, un ser humano.

Edward O. Wilson,
The Origins of Creativity

ÍNDICE

El hombre gratis

Introducción: no soy un robot

La sabiduría humana existe. Pero resulta imposible transferirla a las máquinas porque nadie conoce los mecanismos de funcionamiento de esa sabiduría. Se trata del patrimonio exclusivo del ser humano que no baja la vista cuando arrecia la impostura.

Las máquinas no tienen el poder de la omnisciencia pues de ella también carecen las personas que las crean. Todos llevamos a cuestas el sambenito de la equivocación. Muchas veces subvaloramos nuestra conducta e inteligencia y terminamos por asumir que las máquinas son superiores al hombre. Es un desliz misterioso, cuya causa desconocemos. Rebajamos nuestro juicio porque se escabulle ante los puntos de comparación. Y entonces se cae en el abismo de la mecanofilia, el amor irredento hacia las máquinas, hacia donde nos lanzamos sin paracaídas.

La ciencia ficción es cada vez más ciencia y menos ficción. La imaginación infinita y admirable de Julio Verne ahora se torna ante nuestros ojos reducida. Lo que antes era un tropiezo contra la realidad ha pasado a ser un ardid de nuestro tiempo. Es como si la revolución digital echara una carrera a la imaginación del hombre en torno a los avances tecnológicos, y la fuera ganando. Sin embargo, aún se halla en la Edad de Piedra. Se encuentra en las primeras fases de su evolución. Aún distamos de alcanzar los niveles de percepción a los que podría llegar y, por tanto, no entendemos su magnificencia real. El científico Edward O. Wilson, que fue profesor de Biología de la Universidad de Harvard, en su libro *The Origins of Creativity*, no se encoge para llamarnos la atención sobre la escasez de nuestra captación: «Percibimos menos de una milésima del uno por ciento de la diversidad de moléculas y ondas energéticas que constantemente pasan a nuestro alrededor y por nuestro interior».

Pero no nos asustemos. Lo peor es que podríamos caer en el pánico, donde terminan los aires de prepotencia que a veces convendrían a los seres humanos. Llegará un día, por ejemplo, en que las contraseñas funcionarán a la primera y no tendremos que recordarlas. O eso espero. El extravío dejaría de ser remordimiento locuaz. También llegaremos a entender la trampa de las tarjetas de fidelización, cuyo único propósito es atiborrarse de nuestros datos personales y luego negociar con ellos. Todo gratis, por supuesto. Entenderemos, para citar un caso más, que, cuando rellenamos una encuesta, después de que una máquina nos dice «No tardará sino unos minutos», se ha cometido un fraude con nuestro tiempo. Alguien creó una desequilibrada moneda de cambio y usted no debe saberlo, mientras exhale cierto tufillo de conformidad.

Si multiplicamos esos pocos minutos de cada uno de los millones y millones de clientes en el mundo, las empresas tendrán un cúmulo precioso de información solo a cambio de nuestra ingenuidad. El hombre gratis no suele tener consciencia de su función económica al servicio de las empresas del siglo XXI. Estas quieren ganar dinero. De eso se trata. Sí. Y también quieren saber quiénes somos para ganar más dinero. Al final, el resultado es el mismo: dinero, pero multiplicado. El lucro, la riqueza, el tener sobre el saber. El séquito se ríe mientras tanto.

La variedad de expresiones que hay para definir la actual realidad es múltiple: revolución informática, revolución digital, revolución cibernética, revolución de las comunicaciones, revolución tecnológica o incluso, peyorativamente, revolución de la idiotez. Podemos tomar cualquiera de ellas, según nuestro gusto particular, pero todas son al fin y al cabo una revolución.

La confusión es signo de nuestro tiempo. Y la desconfianza, su manifiesto. La gente ha dejado de creer. La humanidad no encuentra referentes de donde asirse mientras naufraga. No cree en los medios de comunicación, no cree en el periodismo independiente, no cree en los líderes, no cree en los partidos políticos, no cree en la justicia, no cree en la ley, no cree en los sindicatos, no cree en los gremios económicos, no cree en los sacerdotes, no cree en los gobiernos. No cree sino en aquello que satisfaga su individualismo funcional. Y cuando piensa que actúa dentro de las inclinaciones grupales que marcan la revolución digital, en realidad solo hace un aporte a la imbecilización social, como apunta el filósofo Fernando Savater.

Estamos a la deriva. Somos náufragos de la realidad a la espera de una mano tendida que nos rescate de la confusión. La geometría del aturdimiento no permite bracear y parece que hemos dejado de comprender el mundo. Hay algo que no encaja.

La realidad histórica admite infinitud de interpretaciones. Pero la única cierta es la que nos corresponde vivir. Habitamos el siglo del amor hacia la máquina. El siglo de la mecanofilia donde las multitudes transportan el Caballo de Troya. Acierta el filósofo José Ortega y Gasset cuando afirma, en *La rebelión de las masas*, que «los ritos más absurdos atraen la adhesión de las masas». La veneración por la máquina es el rito de amor de nuestro tiempo.

Contiene, por tanto, ese trato superlativo por las cosas que impregna el pragmatismo. Lo vital no es agradar a la mente sino saciar el cuerpo. No hay cupo para el escepticismo porque no hay cupo para la duda. El hombre queda así orgánicamente satisfecho porque rehúsa o ignora que el verdadero alimento está en la aspiración espiritual, en la invención del alma. Ese alimento está casi siempre oculto, no se deja observar y resulta imprescindible la tarea, casi arqueológica, de des-ocultarlo. Como Goethe, deberíamos decir: «Yo me declaro del linaje de esos que de lo oscuro hacia lo claro aspiran».

Pero las cosas no son dueñas de la vida del hombre actual. Los auténticos dueños son los que están detrás de las cosas. Los mismos que se aseguran de que la producción será comprada y las cosas vendidas. Los que se hacen millonarios —y cada vez más— a costa de que, sin notarlo, trabajemos para ellos, les dediquemos nuestro tiempo y les ahorremos costos en salarios por reemplazar empleados cuyas funciones ahora llevamos a cabo.

¿Cómo se enriquecen las grandes empresas a través de la revolución digital? De varias maneras, pero una de las principales es con la información de sus clientes. Cuando millones de seres humanos aportamos información, creamos un valor negociable. La información personal, a través de potentes máquinas, se convierte en muchísimos datos, que configuran el llamado *big data*, cuyo funcionamiento se realiza a través de mecanismos de retroalimentación. Es el alimento que los humanos proporcionamos gratuitamente a los algoritmos. Es una herramienta de poder y de manipulación. Pocos imaginan lo que supone en ganancias para las empresas cuando damos un clic a "Aceptar". Esta palabrita mágica pone en marcha miles de algoritmos que tomarán la información del usuario o internauta para redoblar la oferta de bienes y servicios según el perfil detectado de manera completamente gratuita. Solo queda el recuerdo de lo que no debíamos haber hecho.

Los tecnólogos —se ha dicho— no descubren porque saben, sino saben y por eso descubren. Con ello, día a día, maximizan el funcionamiento de las máquinas, aportan innovaciones a la inteligencia artificial y, sobre todo, descubren formas de ahorro para las empresas donde trabajan. Una de sus funciones es reducir costes laborales a costa de los clientes. Si un capitalista puede recortar gastos de personal mediante la transferencia de trabajo a sus clientes, lo hará sin titubear un segundo. Él sabe cómo tender la mano.

El hombre satisfecho no conoce más porque está desespiritualizado. Al tiempo, es víctima de una avalancha inesperada, en la que solo aspira a sacar la cabeza y tomar aire. Es la sensación de alivio que lo inunda cuando consigue realizar correctamente una operación en línea. Pericles afirmaba que los fuertes de espíritu eran aquellos que reconocían con toda exactitud lo horrible y lo agradable. Se ha perdido el sentido de la aversión hacia lo ignoto. Deberíamos recuperarlo para saber si lo que hacemos nos dañará o no, como manifiesta Hobbes. Y tenía razón Voltaire, en su *Tratado de la tolerancia*, donde escribió: «Os he dado brazos para cultivar la tierra y un pequeño fulgor de razón para conduciros; he puesto en vuestros corazones un germen de compasión para que os ayudéis mutuamente a soportar la vida. No ahoguéis ese germen; no lo corrompáis».

La revolución digital puede verse tan monstruosamente como queramos. Pero también podemos ver su lado más bondadoso, como las cientos de aplicaciones de las que nos beneficiamos a menudo. En este ensayo, donde advierto que no soy un robot, hemos lanzado la moneda al aire y ha caído de canto. Podemos confrontar las dos caras sin problema alguno. En este ensayo, donde "unas son de cal y otras de arena", nos hemos sumergido en el universo finito del tiempo donde el hombre actual, a veces sin consciencia y a veces con su consentimiento, es sumisión ante los halagos de la tecnología. Un ímpetu en el que deberíamos salvar nuestra reputación de personas.

NI SMITH NI MARX

Los hombres primitivos, a los que la antropología define como pertenecientes a las llamadas sociedades de cazadores-recolectores, tenían su propia ética del trabajo, su organización laboral, y empleaban las conchas como moneda para recompensar las faenas ordinarias de búsqueda de comida y abrigo. Hoy se observa como un fenómeno prehistórico y explicativo de la evolución humana. Pero en realidad los cazadores-recolectores no han desaparecido del planeta. Sobreviven como esos viejos modos de vivir, alentados por una forma simple de existir.

Observe un mediodía en Nueva York. Miles de trabajadores abandonan oficinas y despachos y se dirigen, como cazadores, a las tiendas de comida. Se forman colas y tumultos, se codean para estirar los brazos y alcanzar las estanterías y llevarse un trozo de comida después de pagar por ella. Los mejores cazadores triunfan. Quienes llegan tarde no encuentran sino restos poco apetecibles y malhumor para rellenar sus botellas de agua. Deben marcharse a otros lugares, como lo hacían los cazadores-recolectores en busca del alimento. La ciudad de repente se vacía. La nostalgia martilla el asfalto. Es porque los cazadores-recolectores han ido al Central Park a comer y a retozar, como lo hacían sus antepasados en los tiempos prehistóricos. Es la impronta genética y el dinero a cambio de trabajo.

Adam Smith publicó la *Investigación de la naturaleza y causas de la riqueza de las naciones* en 1776, una obra que ha cambiado la vida de muchos hombres y naciones. Como lo haría Karl Marx un siglo después con la publicación de *El capital*. Para el economista y filósofo escocés, desde luego, no había duda: en todas partes se entiende por salario aquella recompensa que se le da a un hombre por su trabajo. La obviedad es inocultable: «El hombre siempre ha de vivir y mantenerse con su trabajo», propugnaba el padre intelectual del capitalismo. Jamás le pasó por su cabeza el hombre gratis, o sea, aquel que trabaja sin recibir a cambio un salario. La razón es elemental: quien trabaja contribuye a la producción de bienes y servicios y, por tanto, se le compensa con un salario. Lo demás es mezquindad.

Smith entendió a los domadores de máquinas: los mueve el egoísmo. Pero advirtió, sin embargo, en su pequeña gran obra *La teoría de los sentimientos morales* —un libro que jamás han leído los empresarios—, que «sentir mucho por los demás y poco por sí mismo, restringir los impulsos egoístas y dejarse dominar por los aspectos benevolentes constituye la perfección de la naturaleza humana».

Aristóteles, muchos siglos antes, se sintió perturbado por ello. Contaba cómo en Grecia el egoísmo era censurado. El filósofo afinaba la mente y se ponía varios puestos por delante: «El egoísmo no consiste en amarse a sí mismo, sino en amarse más de lo debido». Un encanto de frase, vagamente desatendido, que expresó en *Política*.

Incluso para Mijaíl Bakunin, contemporáneo de Marx, la explotación y la esclavización alcanzaban su largo brazo cuando llegaban hasta el trabajo asalariado. Pero jamás invocó ni pensó en la gratuidad del mismo. El trabajo tiene un salario como recompensa. Punto. Ha sido un supuesto creíble en la historia de la humanidad. Un deslumbrante El Dorado, una gracia reveladora de la expulsión del Paraíso.

Karl Marx puso en escena la historia de la lucha de clases, paisaje de una humanidad agobiada y doliente. La historia entre opresores y oprimidos. Entre capital y trabajo. Echó a rodar su pensamiento, como quien suelta una carreta por una pendiente a ver qué sucederá. Cuesta abajo, metió cizaña, después de haber publicado *El capital* en 1867. Se trataba de una gigantesca obra, prácticamente indigerible, que se estudió poco al principio. El conjunto de volúmenes dibujó el tamaño de la maqueta arquitectónica de la ilusión. Sobre ella, dormitaban los burgueses. A los libreros se les ocurrió entonces pedir resúmenes y así llegó a un público menos ilustrado.

Antes de eso redactó con Friedrich Engels, su gran amigo, *El manifiesto comunista*, un panfleto tentador de 1848, de fácil lectura y palabras rabiosas. Había que guillotinar a los burgueses y endiosar al obrero. Transcurrido el tiempo, el manifiesto no ha pasado de moda, aunque muchos sostengan lo contrario. La obra se adapta al correr de los días y aún vale como sermón revolucionario y doctrina de tiranías. Ha forjado en dolor la molestia de quienes la han sufrido.

Ni en *El Capital* ni en *El manifiesto comunista*, las dos obras que alteraron la configuración del mundo en el siglo XX y que aún permean por ahí como peculio para imponer el socialismo del siglo XXI , pusieron en duda el salario a cambio de trabajo. Sí: los salarios son condenadamente bajos, expresión de la explotación; sí: el proletariado es consecuencia del desarrollo del capital, que lo hace sufrir; sí: la máquina despoja al obrero de mayores ganancias, que lo reducen a un animalito que se arrastra por las fábricas para apenas sobrevivir. Sí: todo eso dijeron. Pero la explotación del hombre por el hombre no significaba ni por asomo arrebatarle el salario al obrero.

Jamás se le pasó a Marx por el seso formular una acción cargada de injusticia contra el penoso esfuerzo de trabajar. Su repertorio revolucionario emitía mensajes incendiarios, pero nunca le prendió fuego al pago por la labor. Le mortificaba, cómo no, el capital que explota el trabajo asalariado. Pero no el trabajo asalariado. Fue categórico y simple cuando echó a volar por los aires universales el singular manifiesto: «No queremos de ninguna manera abolir esta apropiación personal de los productos del trabajo, indispensable a la conservación y a la reproducción de la vida humana».

Marx y Engels parecían entender la reflexión de su contemporáneo Friedrich Nietzsche, enhebrada en su obra *Más allá del bien y del mal*: «La vida misma es esencialmente apropiación». Fue John Locke quien afirmó que el trabajo es la parte principal de todo aquello que sirve para el sustento del hombre. Constituye la base de la prosperidad. El hecho de ganarse la vida por el trabajo procura sentimiento de justicia, de rectitud y del honor, expresó Friedrich Hegel con esa inteligencia rotunda que aún carcome el cerebro. El problema, aseguraba Engels, es que el capital explota el trabajo asalariado. Nada más. Y el derecho a ganarse la vida, sostenía Franklin Delano Roosevelt, debe situarse en el plano de los derechos humanos. Nadie se podría enfadar con esta afirmación.

Pasa por mi memoria otra imagen de Nueva York. Un hombre se queda mirando a un vagabundo. Este se le acerca y le dice: «¿Usted me dará unos billetes si yo bailo?».

La humanidad no ha logrado domesticar el capitalismo porque, como un caballo, sabe saltar por encima de las talanqueras. Lo precisó Mario Vargas Llosa hace más de una década en su libro *La civilización del espectáculo*: el «sistema de economía libre acentúa las diferencias y alienta el materialismo, el apetito consumista, la posesión de riquezas y una actitud agresiva, beligerante y egoísta que, si no encuentra freno alguno, puede llegar a provocar trastornos profundos y traumáticos en la sociedad». No son palabras de un socialista o de un comunista crítico del capitalismo, sino de un ensayista liberal de insondable solvencia intelectual. Tampoco cuesta nada coincidir con su afirmación.

Los hombres, en el primer tercio del siglo XIX, idolatraban a la burguesía. Balzac, en su novela *Los pequeños burgueses*, ponía en boca de uno de sus personajes literarios: «La burguesía tiene, más que la nobleza, a quien sustituye, la obligación de las altas virtudes». Nadie dudaba de su condición heroica tras la Revolución. Después aparecieron las grietas por donde se escurría el sudor del proletariado, mientras el marxismo se encargaba de descargar el aguacero desde el materialismo histórico. La burguesía, expresión del capitalismo, tenía un claro enemigo: el proletariado. Porque arrebataba a los obreros la plusvalía, que era ese margen odioso de ganancia que generaba la acumulación del capital.

En múltiples dimensiones, las virtudes del capitalismo están a la vista del público. Al goce de mucha gente. Gracias a la economía de mercado la humanidad ha avanzado significativamente. El problema proviene de los estragos del capitalismo. Es su cara más oculta. El capitalismo viciado cuando ejerce una actividad sin límites. No se trata de volver al pasado y rezongar del futuro. No diríamos como Jorge Manrique que cualquier tiempo pasado fue mejor. De ninguna manera. En cambio, nos corresponde, vitalmente, habitar un tiempo y cohabitar con unas circunstancias que deben superponerse a la nostalgia histórica. El crimen más insensato sería fugarse de la época.

Las reformas sociales del siglo pasado no hubieran sido posibles sin la aparición del marxismo. El capitalismo, que le temía pavorosamente, tuvo que ceder a varias ideas suyas, a fin de evitar el triunfo del colectivismo. Incluso la propia Iglesia se volcó sobre la protección de los débiles, a través de varias encíclicas, como la *Rerum Novarum*, mediante la condena del liberalismo económico.

Ahora parece que el capitalismo hubiese alcanzado la gloria porque esos desenfrenos que señala Vargas Llosa son punta de lanza que atraviesa el corazón de la humanidad. Ahí están. Pocos se preguntan: ¿dónde está el Estado fecundo capaz de apaciguar los egoísmos a través del consentimiento tácito entre los ciudadanos? Aquel que debe exaltar el desprendimiento colectivo, la generosidad individual, el bien común.

El liberalismo se ha vertebrado con libertades conquistadas a pulso de esgrimista. Es un arquetipo. La desviación del lance de la espada es lo que introduce un capitalismo tétrico, con la virtud perdida, que causa estragos, que le rompe las espaldas al ciudadano común, que le taja la nuca con una guillotina de tiempos ectópicos.

Internet ha puesto algo en el mercado que parecía inalcanzable antes de su invención: el comercio de masas, el consumo de masas. Hombres tras las cosas, cosas que se consumen, hombres consumidos, hombres-cosas. La sociedad uniformada. Internet es producto de un capitalismo que lo nutre a niveles exponenciales.

A Milton Friedman le preguntaron qué es la economía de mercado y dijo que era muy fácil responder:

es un supermercado de los Estados Unidos. Claro, cuando se entra a uno de ellos, la libertad de escoger se torna casi infinita. Ese supermercado da la posibilidad de elegir y eso es libertad. Pero si el consumidor fuese un descerebrado, compraría toda la oferta. Entonces ya no sería libre sino esclavo de sí mismo. Algo semejante ocurre cuando el hombre acude a internet sin un criterio razonable. La búsqueda de la felicidad se vuelve una necedad divorciada de la inteligencia.

Tanto Smith como Marx creyeron que no se podía prescindir del pago por el trabajo, de la moneda, del precio de cambio. Pero más que un fenómeno económico, la retribución salarial encierra una cuestión cultural y, por tanto, ética. El trabajo recompensado, decía John Maynard Keynes en la *Teoría general de la ocupación, el interés y el dinero*, busca «satisfacer al viejo Adán que hay dentro de nosotros». Ganarás el pan con el sudor de tu frente.

En el siglo XIX la burguesía descubrió en la técnica la mejora productiva. Su quehacer práctico. En el siglo actual la tecnología se descubre como el desiderátum de la producción. Muchos naufragan en sus aguas densas. El hombre gratis no parece salir a flote.

LA NUEVA ESCLAVITUD

No ha habido para la humanidad ninguna cuestión más indignante y oprobiosa que el trabajo sin salario. Se le ha llamado esclavitud. El trabajo existe desde que el ser humano tuvo necesidad de alimentarse, aunque no siempre ha gozado la recompensa de un salario. Cuando eso ocurre, se es esclavo. De los demás y de sí mismo. No es un hombre libre. Es un ser humano azorado.

El esclavo es objeto; el amo, sujeto. Jamás serán fuerzas equilibradas porque la voluntad de someter supone algún tipo de fuerza, de la que carece el esclavo. La conciencia servil del esclavo, su impotencia para superar al amo, es el triunfo de este.

El amo impone unos valores que para el esclavo son órdenes. No se detiene a pensar, muchas veces, porque no está acostumbrado a llegar al discernimiento. Desaloja de su mente un pensamiento hermoso; no se anticipa a un destino acompasado por la tentativa de crear.

La esclavitud es indigna en sí misma porque degrada. El niño obrero, que alimenta la cadena productiva desde países olvidados, es doblemente esclavo: carece de libertad y carece de infancia porque se le han negado esos derechos. Su suerte se juega entre vivir al desgaire en la calle o derretirse por el calor en una fábrica mortecina, especie de cárcel del oprobio.

Desde los tiempos de Séneca al esclavo se le trataba con insolencia. La idea más o menos sigue siendo la misma. Séneca, sin eco como ahora, pedía un cambio de conducta: son hombres, decía, y no merecen ser tratados con soberbia.

En el siglo XX se pensaba que la máquina sería la liberación del ser humano. En el XXI, parece que casi todas las máquinas lo esclavizan. Para comprender el fenómeno, basta con tornar la mirada sobre una persona en su despacho, un estudiante en el metro, una mujer en el café. Cierta sonrisa delata su desvío.

El progreso cibernético, que automatiza todo, deviene en inhumanidad cuando no es el hombre el principal beneficiado, sino sus amos. No hay ética si hay progreso injusto. El desarrollo del conocimiento, en todos sus ámbitos, ha sido espectacular desde los comienzos de la humanidad. Es un hecho indiscutible, y, sin embargo, crítico en ocasiones porque no necesariamente significa que haya sido beneficioso para el conjunto de las personas.

Pero no son en realidad las máquinas las que ponen a trabajar más al hombre. En la relación esclavo-amo, es el amo el que dispone de las máquinas para que trabaje más el esclavo. Es ese domador de máquinas, llamado así por Albert Camus, que aparece asido por una indomable voluntad de poder y seducido por una voraz acumulación de capital y sudor ajeno.

La cadena de producción no puede ser la cadena de la esclavitud. No estaría mal ponerle contrapesos que aligeren la carga del lado débil. Los contrapesos deberán provenir de aquellos valores y principios que hacen al hombre libre. Se trata de volver a los cabales de la sabiduría humana.

La nueva esclavitud consiste en la servidumbre a cambio de nada. Está conformada por un tipo de hombre que no tiene otra forma de ver el mundo tecnológico que servirlo gratuitamente. Se trata del hombre gratis, que bien está obligado a serlo por las mismas condiciones que se le imponen para acceder a la oferta de servicios o bien aquel que, sin voluntad anímica o con voluntad utilitaria, está satisfecho siendo esclavo. Es ese digitador de datos que subroga su energía, sus posibilidades humanas a los dictámenes de la inconsciencia. Le amerita regalar su fuerza laboral si la compensación son quince minutos de fama, aunque se trate de una eternidad sin gratificación.

La idolatría del trabajo es menos ofensiva que el trabajo gratis. La idolatría nace de cierto autoconvencimiento, mientras el trabajo gratis parece haber nacido de la imposición o de un extraño sentimiento servil.

En ambos casos, sea bajo la coerción o sea por inconsciencia, el hombre trabaja gratis porque necesita un resultado. Hombre gratis o nada. Es doblemente esclavo porque está privado de salario y está privado de dignidad. Recibir una recompensa salarial es lo verdaderamente humano y, como tal, una exaltación de la dignidad.

La nueva esclavitud tiene por poder subyugante a las empresas tecnológicas o aquellas que hacen de la tecnología su desiderátum. Obran como amos. Las empresas —es verdad— son males necesarios, como diría Platón. Pero, para que no sean peores males, deben recibir constantes llamados de atención. El ciudadano debe sublevarse cuando sienta tras de sí la sombra de la esclavitud. Debe anteponerse para recibir la visita de la libertad.

El hombre gratis está persuadido de que los fines determinan su acción. Es el razonamiento de un esclavo. Para él, la web es un fin. Por eso, gratuitamente, la alimenta, la engorda, la embellece. Olvida que los avances tecnológicos son en realidad medios, herramientas, canales. Deben ayudar a hacernos la vida más cómoda: ser el medio que nos permiten esa comodidad. El fin, en cambio, depende de la importancia y trascendencia que le demos al hecho de vivir. A la interpretación que se tenga de este mundo desde la condición de existir para ser.

Aunque no le queda más remedio que serlo, el hombre gratis contiene una expresión de valor. En ocasiones no lo sabe y cae víctima de la gratuidad. Como también suele ignorar que enriquece a alguien a quien no conoce. Al verdadero amo. Al verdadero dueño de la gratuidad cibernética.

Existe inmoralidad cuando no se recibe una retribución por el trabajo. La esclavitud es una inmoralidad porque la gratuidad es un robo. La noción de lo gratuito conlleva la noción de injusticia. Lo justo consiste en compensar el esfuerzo, en un equilibrio material entre dar y recibir.

Entonces, claro, ese fenómeno de gratuidad lleva al terreno de las motivaciones del hombre. ¿Se trata de idealistas que odian el dinero o de un caso singular de idiotez humana porque ya se sabe que el universo de la tecnología cibernética no es en absoluto gratuito? La pregunta correcta sería: ¿Qué se gana y quién gana con todo esto? Se pierde. Pero gana quien saca «el máximo provecho a los proveedores de accesos informáticos y a los operadores de telecomunicaciones, que son, no hay que olvidarlo, empresas multinacionales con grandes beneficios». Estas palabras están consignadas en el libro *La gratuidad es el robo*, de Denis Olivennes, quien fuera presidente de Fnac, el grupo francés dedicado a la cultura.

Los domadores de máquinas

La técnica carece de ideología y no crea diferencias esenciales en el terreno de la concupiscencia material. Capitalismo y socialismo, en este sentido, como concluyó Camus, dieron nacimiento a la civilización de los domadores de máquinas. Aunque en la actualidad ambas ideologías no aparecen en estado puro, sino son una especie de mixtura con variantes andróginas, la tecnología se conserva como matriz del progreso y del liderazgo de las naciones.

«Tanto capitalismo y comunismo, como sus formas híbridas, vergonzantes, o larvadas, tienden, por distintos caminos, hacia una meta semejante. Sus partidarios proponen técnicas disímiles, pero acatan los mismos valores. Las soluciones los dividen; las ambiciones los hermanan. Métodos rivales para la consecución de un fin idéntico. Maquinarias diversas al servicio de igual empeño», expresa con acierto el pensador latinoamericano Nicolás Gómez Dávila, en su obra *Textos*.

En su estado puro, la socialización de la producción fue una regla del socialismo, mientras la producción socializada ha sido el sueño del capitalismo. La regla socialista fracasó y la regla capitalista se ha transformado en una realidad que el socialismo imita.

No se trata de vivir de la técnica, sino de vivir con la técnica, como señaló Ortega y Gasset. Se vive de la técnica cuando la tornamos en alimento, en agua para beber a chorros, en ingrediente vital. Y vivir con la técnica es llevarla a un punto crítico y revisarla constantemente para ver dónde nos hace daño y hasta dónde nos sirve. En consecuencia, el hombre debe accionar su carácter y afinar el cúmulo histórico para proponerles a esos valores una vigencia permanente. Debe, constantemente, confrontar a quienes son ajenos a los principios civilizadores. Al desinterés por la civilización, habría que oponerle la grandeza de la creación histórica y sus múltiples legados. No hace falta descorchar una botella de champaña para que burbujeen los logros de la civilización.

Los domadores de máquinas requieren fábricas de falsas verdades, que ellos mismos suministran a través de las cadenas de producción para asegurar el dominio tangible del ser humano. Y esas falsas verdades se construyen desde la publicidad y el *marketing*.

Luis Racionero, en su agudo libro *Del paro al ocio*, que ganó el XI Premio Anagrama de Ensayo hace ya cuarenta años, decía, imperturbable: «Las máquinas pueden liberar al hombre de la necesidad de trabajar para cubrir necesidades materiales. La mejora en la tecnología lo hará posible, pero la posibilidad no se pondrá en práctica sin un cambio filosófico en las actitudes culturales hacia el trabajo». Como una paradoja, al trabajo se le ha conferido el honor de convertirse en una fortaleza desde cuya muralla se otea una divisa medieval que reza: «Trabajo gratis, luego existo».

Como una premisa malévola, la explotación del hombre por el hombre ha pasado a ser la explotación del imbécil por el listo. Hemos pasado de discutir si el hombre es bueno o malo por naturaleza a concluir que el hombre es dócil por naturaleza.

Las máquinas han liberado a las personas, pero al mismo tiempo son un suspiro arrugado. Su éxito contundente, indiscutible en ocasiones, también ha desaliñado una buena parte de nuestras vidas.

Ocurre cuando se genera la comercialización exacerbada, cuando toma el relevo el hombre-*marketing*, como lo califica el novelista y ensayista Alesandro Barrico. Se trata de crear falsas necesidades a través del estímulo artificial del consumo. Este se produce cuando el algoritmo, mediante las *cookies*, ha dilucidado una supuesta necesidad oculta en la persona. Puede ser desde el impulso macizo por adquirir un coche eléctrico de color azul marino hasta materializar una fantasía sexual en 3D. No debe extrañar, pues, que uno de los renglones más rentables en internet sea la oferta de sexo cibernético, donde hombres y mujeres ocupan una tercera parte de su tiempo. Nadie debe inmiscuirse en los asuntos íntimos de los seres humanos, pero el éxodo provocado por la manipulación sensorial despierta sospechas.

Otro efecto de la revolución digital ha sido la desestructuración empresarial desde una óptica laboral. El teletrabajo permite que el jefe negocie, oculta y directamente, el salario con el trabajador sin tener que pasar por el sindicato. La dispersión generada por el teletrabajo, que desagrupa, que desune, permite a la empresa jugar al caos salarial. Las nuevas fábricas —las empresas de la actualidad— no requieren de la cadena de montaje, sino de las pulsaciones digitales de sus empleados. Así se mide su aportación y se asegura que el trabajo sea lo más productivo posible.

En este punto hay que meditar al ensayista francés David Cohen en su libro *Homo numericus*: «Antaño, con el trabajo en cadena, el ser humano se convertía en máquina. Hoy, con la inteligencia artificial, es la máquina la que se hace humana».

Sin dudarlo un segundo, prefiero el término humanoide. Es la máquina hecha a imagen y semejanza del hombre, pero jamás igual. Convengo con el escritor Pablo Sanguinetti: la inteligencia humana no solo reside en el cerebro. También «reside en el corazón, en el estómago, en la piel. Pensamos con todo el cuerpo», según nos dice en su libro *Tecnohumanismo*. Pero, además, pensamos con el espíritu, con el alma, un fortín maravilloso que nos diferencia de ese humanoide. Saltemos la cerca para diferenciarnos.

Estamos sitiados en el recinto de los domadores de máquinas. Aquí mismo vemos hombres que quieren parecerse a las máquinas y máquinas que quieren parecerse a los hombres. No alcanzamos a divisar en el rellano a un ser humano de aspecto humano.

Suele afirmarse que el concepto de alma fue una invención para satisfacer la dimensión inmaterial de la burguesía del siglo XIX, sin caer en el ámbito religioso. La espiritualidad laica. Otros afirman que fue un pegamento del Romanticismo. Esa herencia, en cualquier caso, parece mutilarse en la actualidad. Se desea prescindir del alma. El ser humano de nuestro tiempo, anegado por la materia, se encapricha con el lodo del despojo.

Sea lo que signifique el alma o el espíritu, no podemos desprendernos de ese fortín. Es el verdadero e íntimo yo, del que nos hablaban los griegos. Está ahí, aunque no podamos transmitirlo sino como idea. Inasible, intangible, y, sin embargo, indisoluble del ser. El espíritu jamás podrá imitarse, calcarse, y torna a los hombres diferentes entre sí. Por todo esto, la inteligencia artificial es una multiplicadora de humanoides idénticos en su acepción más lógica.

Este es un argumento convincente para combatir el miedo que produce la inteligencia artificial. Es hechura del hombre y, en consecuencia, como señala Sanguinetti, se debe reconocer en ella sus posibilidades sin ocultar sus límites. Se debe descartar la idea de que es «autónoma, todopoderosa o suprahumana». Y, cómo no, también, «reconocer que una tecnología nunca es neutral ni inocente» y, en consecuencia, reclama permanentemente una mirada crítica. Jamás debe perderse de vista que se trata de una herramienta, un medio, al que se le puede interrogar: ¿Qué servicio me prestará?

El miedo a la tecnología es temor ante lo desconocido, ante lo sorprendente, ante lo desafiante.

El ensayista Antonio Manilla ha profundizado en el tema en su obra *Ciberadaptados*. A partir de que «cualquier novedad tiende a establecer una nueva relación entre las partes afectadas», se ha encargado de señalar que se trata de meros temores, «los mismos temores [que] agobiaron a los hombres de sus épocas». Repasa con ejemplos el rechazo producido por las novedades técnicas o tecnológicas a través de la historia. «La dinámica de tensión entre aceptación y resistencia es una constante en la historia», precisa Manilla. Tal vez, habría que decir como Lady Macbeth, en la maravillosa obra shakesperiana: «Ninguna otra cosa, sino el mirar sereno: alterar el semblante es siempre mostrar temor».

Casos como la aparición de la imprenta, el libro, la máquina de vapor, la radio, la televisión, y más recientemente internet, muestran el temor ante lo nuevo y lo desconocido. Las reacciones no se han hecho esperar. Las más extremas están en cabeza de los luditas, cuyo término proviene de Ned Ludd. Fue pionero del movimiento que en el siglo XIX rechazaba las máquinas porque dejaban a los obreros sin trabajo. Se recuerda la crítica que, por ejemplo, lanzó Frank Kafka contra la máquina de escribir: «El inconveniente de escribir a máquina es que uno pierde el hilo».

Superado el temor inicial, conjugada la familiaridad, llega la apropiación, como ha sucedido a través de la historia. La tecnología, amenazante en los primeros pasos, se torna luego en un elemento más de la creación humana. Muchas expresiones artísticas contienen la inspiración tecnológica: el surrealismo, el futurismo, el cubismo, por citar unos ejemplos. Agraciada por el arte, la tecnología adquiere humanidad. El hombre aprecia su bondad, su proyección estética. Percibe en ella su lado bueno en virtud de su capacidad intelectual para juzgar entre el bien y el mal.

La tecnología, en sí misma, no nos dice qué vale la pena y qué no. Solo lo puede hacer el hombre, dotado por el intelecto, y, sobre todo, por la valoración ética y estética que pueda expresar.

La tecnología no cambia la forma de pensar porque no puede alterar su genoma básico. Salvo que ocurra un proceso de mutación de miles de años, la forma de pensar, al menos hasta ahora, se calibra por el nivel de inteligencia que se posea. Si bien no cambia la forma de pensar, sí modifica el pensamiento. Puesto en palabras de Sara Danius, en *The Senses of Modernism*, «La tecnología ayuda a cambiar no solamente el mundo sino también la percepción de ese mundo».

El impacto de la tecnología introduce nuevas relaciones y percepciones con los objetos. En literatura abundan los ejemplos. En la maravillosa obra de Thomas Mann, *La montaña mágica*, la muerte y la temporalidad giran en torno a la máquina de rayos X, que había sido descubierta pocos años antes de que el escritor alemán iniciara la redacción de la novela. También, para Danius, *Ulises*, de James Joyce, es «un monumento a los cambios tecnológicos», al aparecer sus estrategias estilísticas y modos innovadores influenciados por la cinematografía y la fonografía.

No solo ha ocurrido en la literatura. La literatura interioriza el registro artístico, pero los hombres en general encuentran nuevas formas internas y externas de relacionarse con los artefactos tecnológicos. Y, cómo no, trae consigo efectos sicológicos para todos, ineludibles y capaces de generar reacciones mentales de todo tipo. Nadie puede ser neutral ante la tecnología. No es una concha hueca.

Hasta hace algunos años se creía ingenuamente que la revolución digital podría compensar la pérdida de puestos de trabajo con nuevos empleos. No ha sido así. Internet, por ejemplo, ha destruido más de los que ha logrado crear. Ha dejado por fuera del mercado laboral a miles de abogados y centenares de médicos en los Estados Unidos. Ellos compiten en la actualidad con sus antiguos clientes que depositan información personal en la web que luego consultan los internautas. El 72 % de los usuarios de internet buscan en ella información médica. Los pacientes que cuentan sus propias experiencias son hombres gratis. Los internautas, de esta manera, se autodiagnostican, descubren enfermedades y se autoformulan medicamentos.

Esto lo suponían los domadores de máquinas. Y, claro, habrá mucho menos empleo si el hombre gratis persiste en su oficio. ¿Hay alguien que limpia las calles sin cobrar por ello?

No se sabe si es por coincidencia o por efectos atribuibles a la revolución digital, pero lo cierto es que la precariedad y la temporalidad laboral han aumentado en los últimos años. Se ha producido, en naciones ampliamente digitalizadas, un incremento paulatino de la desigualdad. Se calcula que en 2040 el 80 % de la población no prestará ninguna utilidad al sistema económico derivado de la revolución digital. La magnitud, sin embargo, no crea alarma social porque a nadie le afecta hasta que lo padezca por sí mismo. Y se propone una renta básica universal para aliviar el problema. Pero surgen varias dudas. ¿La capacidad fiscal de los Estados alcanzará para tanto? ¿Hasta dónde resultará soportable esa carga? En el fondo, ¿de qué van a vivir millones de personas cuando ya no se requieran laboralmente?

Hay propuestas de solución de todo tipo. Una de ellas, por ejemplo, consiste en identificar a un robot como trabajador y, en consecuencia, obligarlo a pagar renta. Se trata de que el robot sustituya, fiscalmente, al trabajador despedido. ¿Admitirán los fabricantes de robots el pago del impuesto o quien lo ponga a su servicio? Nadie contribuye al Estado con un impuesto cada vez que usa el lavavajillas.

La imprenta supuso una revolución intelectual. La revolución digital todavía no. Por ahora, es todo lo contrario. Solo sabemos que el hombre gratis pasa varias horas frente a las pantallas, frente a las máquinas, mientras las empresas y los productores de contenidos llenan sus bolsillos, gracias a ese tiempo no remunerado y perdido por los usuarios.

Entre las empresas se compite no para ofrecer un mejor servicio sino para captar el mayor número posible de clientes. Por conseguir adictos. La droga llega en paquetes rectangulares. Y como cualquier adicción, atenta contra la libertad y crea esclavitud. Y como cualquier adicción, desinhibe y muestra lo más horripilante del ser humano. Es sencillo tener una constatación: en las redes sociales se tejen los odios y se llega sin escrúpulos al exhibicionismo.

La intimidad dejó de ser un lugar sagrado, a veces impenetrable, para transformarse en una desnudez prosaica. Forma llana, sin identidad propia, mero llamamiento de atención. Vana vanidad.

Las máquinas no son seres humanos. Son humanoides, si acaso, con mayores imperfecciones que el hombre mismo, aunque se nos quieran presentar como humanos perfectos, capaces de reemplazarnos. Un dato significativo sobre la artificialidad de la máquina lo proporciona un bebé lactante. Aún libre de contaminaciones tecnológicas, no presta ninguna atención cuando se le presenta a la madre en un vídeo. Su actitud se modifica sustancialmente con la presencia física de ella. Concentra toda la atención ante sus mimos y palabras. En la revolución digital el contacto físico es la excepción. ¿Qué efectos positivos podemos, entonces, esperar?

La situación del hombre gratis conlleva acorralamientos de todo tipo. Las empresas saben sitiarlo y el hombre gratis no lo percibe. Antes, por ejemplo, centenares de empleados solían recorrer las casas y los edificios para tomar nota de los consumos de servicios. Han desaparecido. Ahora el hombre gratis lo sustituye. Debe leer su propio contador y enviar la lectura a través de una web, de un correo electrónico o de un código QR. ¿Cuántos trabajadores se ahorran las empresas? Miles en un país y millones en el mundo. Los costes laborales se reducen significativamente, mientras el hombre gratis los asume con su trabajo no remunerado. La supremacía del amo y la esclavitud consecuente. El domador de máquinas a plena máquina.

Náufragos de la realidad

Una expresión del naufragio en el que vivimos es que nos ahogamos en medio de la información por exceso o por falsedad. Produce el suficiente ruido como para crear aturdimiento y el aturdimiento provoca confusión. Las noticias falsas —las llamadas *fake news*— circulan alegremente por las redes sociales, elaboradas por profesionales y por hombres gratis, investidos casi siempre de odio político y lenguaje violento. Se trata, sobre todo, de que nadie sepa qué es verdad o qué es mentira. Se engaña bajo impunidad y también por complicidad de los propios receptores del mensaje.

Las noticias falsas enlodan la certeza de los hechos. Como consecuencia, el ciudadano no sabe a quién creer, por qué creer, ni en qué creer. La confusión programada neutraliza una opinión basada en el análisis y alimenta la tensión política y social. Como se carece de objetividad, los usuarios de las redes sociales también desarrollan versiones parcializadas y subjetivas, arrastrados por quienes las programan. Nadie las desmiente ni las enmienda porque han causado ya el efecto previsto, y una noticia posterior —no errónea— impactará cien veces menos que el primer mensaje. Es el peligroso juego de la posverdad.

El hombre de nuestro tiempo también naufraga en el mar de la burocracia. Hasta hace algunas décadas una de las mayores preocupaciones sociales era el crecimiento desmedido de la burocracia estatal. El problema no ha cambiado; por el contrario, ha aumentado exponencialmente. La burocracia o el empleo público obedecen, generalmente, a un criterio político y no técnico. El Estado debe absorber masas enteras de personas para evitar la revolución social. Rara vez importa si están cualificadas, si se necesitan o no.

El hombre gratis trabaja por ellos. Son centenares de páginas web de la administración a donde el ciudadano debe acudir de manera recurrente y dedicarle su tiempo, muchas veces sin éxito. Hay páginas inútiles, portales infinitos, trámites innecesarios, dedicados sobre todo a evitar el contacto directo con los funcionarios y romper su sueño burocrático. De ordinario, son páginas concebidas por los propios jefes, elaboradas para distanciar al ciudadano. El hombre gratis, que paga sus impuestos, aporta además tiempo suyo para echarle una mano al funcionario que se niega a trabajar en serio.

El Estado hace alarde de sus procesos innovadores a través de la puesta en marcha de la tecnología. Y la lógica dice que, si la tecnología facilita la vida del ciudadano, debe esperarse como consecuencia una mayor eficacia. El Estado, sin embargo, resulta cada vez más ineficiente y los ciudadanos más descontentos. Si la tecnología sustituye a los seres humanos, ¿por qué el empleo público en España ha crecido en más de 500 000 personas en los últimos años? Una peculiar paradoja que se puede leer, con rubor, en la Encuesta de Población Activa o en los datos del Ministerio de Inclusión, Seguridad Social y Migraciones.

La administración, por otra parte, exige cada vez más a la empresa privada porque cada vez más aumenta el número de funcionarios estatales que deben justificar su trabajo. Lo más insólito es que la cantidad crece a pesar de la digitalización de las labores públicas. Parece que la tecnología hiciera una excepción traviesa con los empleados estatales.

Durante la pandemia, una mujer, con urgencia de viajar, se presentó en el aeropuerto y, para poder gestionar su billete de vuelo, debía comprobar que había sido vacunada. No tenía a la mano documento probatorio alguno, pues se fiaba de poder hacerlo en el momento, vía *online*, a través de los mecanismos estatales de conexión creados para ello. La mujer tomó su móvil y, tras una hora de intentos, en los que las máquinas jamás le respondieron, informó a la aerolínea del irremediable fracaso. La funcionaria que la atendía le expresó, por quinta vez, que no podía viajar si no demostraba estar vacunada. En medio de la desesperación, reclamó piedad. Entonces, la funcionaria la llevó a una esquina del mostrador y le dijo al oído: «Yo le creo, pero no puedo ayudarle sin aportar el papel de la vacuna. Me echarían a la calle. Falsifique el documento. En internet hay varios modelos». Y así fue. La mujer pudo abordar, mientras se burlaba nerviosamente de la ineficiente tecnología estatal y su burocracia y agradecía el consejo inmoral de la funcionaria de la aerolínea privada.

Pero la creciente burocratización se ha traslado visiblemente a la empresa privada. No es solo un problema del Estado. Pero sí es otra paradoja. Mientras por un lado las empresas se nutren del hombre gratis, por otro contratan sin parar ejércitos de empleados, cuya justificación solo parece provenir de manuales exacerbados de supuestos expertos en administración y dirección de empresas. Miles de secretarias, asistentes de toda índole, analistas, generadores de facturas, encuestadores, productores de formularios, recepcionistas y vigilantes, entre otros, desfilan por la empresa privada, mientras socavan la paciencia y abultan las miserias del cliente que debe sortearlos como si estuviese ante una agencia estatal. A costa del hombre gratis, la burocracia privada engorda las plantillas. Y su existencia, que no de otra manera puede explicarse, depende necesariamente de las tareas gratuitas y compensatorias que realicen sus clientes.

Un dato final del hombre gratis es aportado por un profesor, náufrago de la universidad pública. Según sus cálculos, sin compensación ninguna monetaria, dedica quinientas horas al año a actividades administrativas, esencialmente diferentes de su función de enseñar para la que ha sido contratado. Pierde más de veinte días completos al año para satisfacer las necesidades burocráticas inicuas de su institución.

A menudo, se escucha hablar de la brecha digital. En ocasiones para señalar las diferencias generacionales al momento de enfrentar la revolución digital y en otros casos para mostrar a aquellas personas que definitivamente rechazan tal revolución. Ambas realidades existen y muchos seres humanos naufragan en ellas, como las personas mayores que no saben cómo opera la tecnología digital. Y están los luditas o ciberescépticos a quienes no les interesan los avances digitales y se ríen de ellos.

A aquellos que resienten la brecha digital como a aquellos que rechazan la revolución cibernética, se les responde con desprecio. Poco interesa a las empresas que una persona mayor actúe en el campo tecnológico. Poco o nada importa a las empresas que alguien rechace la revolución digital. Los tecnófobos los tienen sin cuidado. Porque el problema está resuelto: hijos y nietos se encargarán de resolver la cuestión de los mayores y, cómo no, harán el papel de hombres gratis cuando lo exijan las circunstancias.

Frente a la tecnofobia aparece la tecnofilia. Es la otra cara de la moneda que muestra la reducción sumisa del hombre a toda propuesta tecnológica. La tecnología justifica todo. Los borrachos digitales unen su destino al de la máquina, sin saber que la dependencia coarta su libertad. Su capacidad crítica, por supuesto, muere por el mismo avasallamiento de la tecnología. En cierta manera, son conformistas y sus mentes no advierten las implicaciones graves que puede suscitar. A estas personas les falta meticulosidad.

Una explosión de libros y artículos sobre tecnología retumba en los oídos del hombre. Y, dentro del conjunto, aún más explosiva resulta la publicación constante y abrumadora de textos sobre la ética de la tecnología. Esto resulta bastante sugerente. Algo no está bien desde que programadores, ingenieros y científicos dedican su tiempo a escribir sobre planteamientos éticos de la revolución digital.

Uno de los campos donde esa escritura no cesa de levantar polvo es en el de la inteligencia artificial. Este avance tecnológico pondrá fuera de juego a más de 80 millones de trabajadores en el mundo antes de que termine esta década. Serán reemplazados por máquinas. Por robots, muy probablemente, unas de las invenciones que pueden reducir a las empresas costes laborales superiores al 30 %. Se trata de la robotización de la sociedad como medio de ahorro laboral para las empresas. «Reducir costes no fomenta la dignidad económica si conlleva también una reducción de puestos de trabajo», anota el músico y tecnólogo Jaron Lanier, en su libro *Who Owns the Future?*

También lo dijo Craig Lambert, en su obra *Shadow Work: The Unpaid, Unseen Jobs That Fill Your Day*. Para quien fuera director de *Harvard Magazine*, los robots no necesitan descansar, «no cobran salarios, ni están afiliados a sindicatos, ni reciben prestaciones sociales. Necesitan mantenimiento, pero no necesitan vacaciones, bajas por enfermedad, por maternidad ni, lo mejor de todo, seguro médico. Los robots son "jugadores de equipo" impecables, sin agendas personales. Trabajarán las veinticuatro horas del día y los fines de semana a su tarifa horaria habitual. Por eso, siempre que sea financieramente viable, las empresas sustituirán a las personas por robots». ¿Quién alimenta esas máquinas? ¿Quién les responde, quién les da la información que piden? ¿Quién llena sus formularios y sigue los pasos que indican, como si fuera otra máquina cuando no lo es? Usted. El hombre gratis.

Se requerirá del hombre gratis, que malgastará su tiempo en la sociedad digitalizada. Será conducida a esas empresas de la sociedad digitalizada y permitirá la reducción de costes laborales, uno de los renglones que más pesa en los presupuestos de las empresas.

El ser humano se ha vuelto inalcanzable para atender a un ciudadano. Lo sustituye una máquina. En Holanda, si usted quiere comprar un billete de tren a un ser humano, debe pagar un sobrecoste de 50 céntimos por billete. Mientras hablar con un ser humano le cuesta a una empresa 30 euros aproximadamente, hacerlo con una máquina no le costará más de 65 céntimos. Un ahorro cercano al 98 %.

El término *bot* toma su origen de la palabra robot. Se trata de un programa informático desarrollado para realizar tareas en el momento. Simula el comportamiento humano. Esta es mi reciente conversación con una *bot* a la que llegué a través de WhatsApp:

Andrea
¡Qué bueno tenerte aquí! Soy Andrea, tu asistente virtual, estoy para guiarte.
Andrea

*Por favor selecciona el número de la opción sobre la que
requieres información:*
Servicios a un clic
Agenda cita
Trámites y productos
Canales de servicio
Cómo actualizar tus datos
Cómo consultar el saldo de tus productos
Cómo retirar tus cesantías
*Recuerda que puedes escribir MENÚ y volver a estas
opciones.*

Desde luego, me pareció más expedito optar por
Servicios a un clic.

Me llamo Andrea
*Por favor selecciona el número de la opción sobre la que
requieres información:*
Certificado afiliación
Servicio de pensiones
Retiro cesantías
Otros servicios
*Recuerda que puedes escribir MENÚ y volver al menú
principal*

Como mi inquietud no encajaba en ninguna de
ellas, opté por Otros servicios.

Andrea
Actualiza tu Historia Laboral
Solicita tu beneficio Pensional

Simulador Pensional
Consulta tu historia Laboral
Volver al menú anterior
Recuerda que puedes escribir MENÚ *para regresar al menú principal*

Tampoco ofrecía respuesta a mi inquietud y entonces regresé al menú principal.

Andrea
Por favor selecciona el número de la opción sobre la que requieres información:
Certificado afiliación
Servicio de pensiones
Retiro cesantías
Otros servicios

Me repetía lo mismo y decidí optar por Servicio de pensiones, que podrá tener una lejana relación con mi problema.

Por favor selecciona el número de la opción sobre la que requieres información:
Estado de tu solicitud o requerimiento
Crear tu usuario y contraseña en la red
Volver al menú anterior
Recuerda que puedes escribir MENÚ *para regresar al menú principal*

Las opciones resultaban incongruentes con mi problema, pero la primera alternativa se parecía leja-

namente. Seleccioné Estado de tu solicitud o requerimiento.

Andrea
¿Radicaste alguna solicitud, queja o requerimiento?
Consulta el estado de tu solicitud en nuestro portal web
La información recibida, fue útil?

Respondí que no.

Andrea
Lamento escuchar esto, estoy trabajando para ser un Bot
más inteligente, en esta ocasión te recomiendo llamar a la
Línea de Servicio al cliente.

Antes de llegar a Andrea, recorrí el portal de la
empresa durante media hora e intenté comunicarme
por teléfono varias veces y, finalmente, una voz mecánica me invitó a usar el WhatsApp. Supuse que habla-
ría con un ser humano. Andrea no era un ser humano.
    Pronto descubrí que Andrea tenía carencias lin-
güísticas. Desconocía la buena redacción, no emplea-
ba signos adecuados de interrogación, usaba mayúsculas donde deberían aparecer minúsculas y viceversa, y maltrataba la puntuación. Me tuteaba, eso sí,
sin saber mi edad, y se declaró poco inteligente al no
poder resolver mi problema, aunque se mostró dis-
puesta a mejorar su condición mental. Ante su propia incapacidad, me remitió al servicio de atención al
cliente donde nunca obtuve respuesta, sino una cate-
górica orden a través de una voz indolora: «Acérquese

a una de nuestras oficinas». Tiempo transcurrido desde cuando entré a la página web: una hora y tres minutos. La *bot* habría podido ahorrarme ese tiempo si me lo hubiera dicho desde el comienzo. No. Soy un hombre gratis. Estoy obligado a ello. Andrea, que jamás será inteligente porque no es humana, sustituye a un ser humano inteligente. Así le ahorra enormes costes laborales a su empresa y pone a trabajar gratuitamente al usuario que paga por los servicios de esa compañía.

Se habla del metaverso para significar ese escenario donde todo es virtual. En ese universo vivirán muchos individuos en el futuro. Un espacio ficticio donde lo normal será la irrealidad. No se trata de un tipo de ficción literaria, sino de ilusión líquida, con avatares, como gemelos digitales, que actúan en nuestro nombre en un juego de interacción artificial, pero sin interacción real.

El universo virtual obedece a un diseño humano y, en consecuencia, es capaz de controlar al hombre, mermar su voluntad, manipularlo a su antojo, crearle gustos y deseos, generalmente fantásticos. Se trata de un universo aparentemente inteligente, pero, como señala el escritor español Pedro Baños, en su libro *La encrucijada mundial*, habrá «Una especie de esquizofrenia metafísica que generará ansiedad, aislamiento social e incluso deterioro cognitivo», y todo ello pondrá en juego la libertad humana.

Entonces el asunto nos lleva más allá. Si se conduce bajo la óptica de un metaverso equidistante de la condición humana, los ejes de la civilización se tuercen. Porque no hay un desarrollo intelectual, sino un mero ejercicio tecnológico. No se produce una labor de sabiduría, un sentido de mundo, sino un avance de la materia.

Dentro del metaverso estará el hombre gratis. Porque será uno de sus principales contribuyentes. Irá a ese mundo de ilusión, gastará en él su tiempo, mientras se enriquecen las empresas que le proporcionan esa irrealidad inventada.

El metaverso alienta una existencia antinatural, evasiva, sin connotación con la realidad, que es donde el hombre verdaderamente ejerce la libertad. Un cuadro virtual, un terreno virtual, una cena virtual, una guerra virtual contienen una falsedad perturbadora. Los metaversos existen y su consumo crecerá aún más en los próximos años. En la actualidad mueve millones de euros y las grandes corporaciones —fabricantes de sueños— trabajan con ardor para explotar ese campo de la ilusión y de la irrealidad. Esto, por supuesto, nada tiene que ver con los entornos virtuales creados para el desarrollo de la ciencia. Como sucede en la medicina y en la sicología.

La llamada realidad aumentada, como los sensores biométricos que beneficiosamente en la actualidad hacen reconocimiento facial, podrán leer la situación laboral o económica de una persona, conocer sus orientaciones ideológicas, sus amigos, su vida privada. Se anuncia, incluso, que muchos de los dispositivos electrónicos actuales serán sustituidos por sensores y auriculares hipertecnológicos, capaces de gestionar millones de datos y ofrecer detalles insospechados sobre una u otras personas. Desde luego, además de ser un negocio infinitamente lucrativo para las empresas que los sitúen en el mercado, pueden ser herramientas multidimensionales de dominio social.

Hay una tendencia alarmante en este mundo que expresa el naufragio en que vivimos: las clases medias se están empobreciendo dramáticamente después de un ascenso escalonado durante varias décadas. Y si a ello se suma la destrucción de puestos de trabajo, o el avance del trabajo precario, se tiene a una sociedad en franco declive. El sistema económico parece fatigarse, mientras continúa el crecimiento de la población mundial debido sobre todo a la elevada tasa de natalidad en los países menos desarrollados. Las carencias se imponen, pero también las ganancias desorbitadas de las empresas tecnológicas. La idea de una sociedad en armonía se aleja paulatinamente. Solo la solidaridad podría romper la tendencia.

Serán más los trabajos que se pierdan que los que pueda crear la revolución digital. Esta provoca efectos perversos en el mercado laboral. El cuadro es pesimista. La tendencia señala la caída de la fuerza laboral y, como consecuencia, una buena parte de los trabajos serán desempeñados por máquinas. Según el Foro Económico Mundial, «da automatización suplantará alrededor de 85 millones de empleos» en el inmediato futuro. ¿Cuántos de esos empleos perdidos serán cubiertos por el hombre gratis? El hombre gratis trabajará en la mejora del algoritmo y gastará su tiempo en máquinas que no dan respuesta racional sino mecánica y estúpida a los problemas humanos.

El alambique de la riqueza

¿Ser o tener? He ahí el viejo dilema, la cuerda floja sobre la que camina la humanidad. Aunque, para ser francos, se inclina en estos tiempos más hacia el tener. Antes era una advertencia; ahora es una tendencia.

Pero la paradoja está en que entre más se tiene, más se quiere. O en términos de Schopenhauer: «La riqueza es como el agua de mar: cuanto más se beba, más sed se tendrá», como dijo en su libro *El arte de ser feliz*. Cuando la búsqueda de la felicidad consiste en que se está en vida para obtener y no para existir, sobreviene la angustia, la zozobra existencial. Es lo que el filósofo Byung-Chul Han llama *la depresión,* aquello que subyace en el principio extremo de la explotación de sí mismo. Por ello, sin arrebatarle sus virtudes, a más sociedad de mercado, mayor frustración. La lucha entre el deseo y la frustración por su insatisfacción no es más que el choque brutal entre el tener y el ser.

Si la felicidad material dependiera de la libertad, si todo se redujera a que cada cual haga lo que plazca mientras no le cause daño al vecino, la felicidad social sería una suma aritmética de individuos contentos. Pero no es así.

La angustia siempre está. A veces aflora, a veces se oculta. Nunca desaparece. Es reveladora de la existencia. Y si la existencia recurre a sí misma, a lo más auténtico del ser, puede resultar menos pesada, menos agobiante. Cesar en la lucha por la riqueza material suele ofrecer en ocasiones un ímpetu de tranquilidad. La felicidad es una ilusión con un mágico poderío. Pero la búsqueda de la felicidad material también puede transformarse en una acción con un poderío devastador.

Para Adam Smith, la obsesión por la riqueza corrompe y, en cambio, la moderación en su consecución es virtud. Su idea de correcta benevolencia, expuesta en su obra sobre los sentimientos morales, contempla la sensibilidad y el dominio de los impulsos egoístas como requisitos de la perfección de la naturaleza humana. Entiende, por tanto, que hay una naturaleza humana díscola, imperfecta, susceptible al dominio del buen ser y moldeable al concepto de armonía social. El propio Smith identificaba al buen ciudadano como aquel que contribuye a la promoción del bienestar social, «por todos los medios a su disposición». En ese sentido, se asoma un destello de esperanza: las personas podemos ser buenas, si nos lo proponemos.

Cuando el lucro cruza el umbral de la política, y la política cede sin matices a los principios del mercado económico, el individuo no solo se convierte en mercancía perecedera, sino la política claudica a favor de la insensibilidad innata del mercado. «La economía nada tiene que ver con los ideales», sentenció el economista inglés Alfred Marshall al final de sus días. Fue una lúcida reflexión, producto de su experiencia en el trato con empresarios. De ahí la necesaria separación entre la función empresarial y la función política. Dejemos que los empresarios se dediquen a lo suyo, mientras los demás humanos nos ocupamos de imaginar lo que conviene a la sociedad y de alcanzarlo por todos los medios posibles. Si la sociedad entera se mercantiliza, si el hombre no es más que función, ¿quién esgrimirá un ideal?

La codicia enseña el funcionamiento del alambique de la riqueza. La acumulación de capital se destila, luego se condensa y el resultante es la fermentación del dinero, cuya gruesa densidad precipita la ambición por más riqueza. El rico se vuelve más rico y, probablemente, más sensible frente al placer y menos irreverente frente a la explotación. El evangelio según san Mateo (19, 24), enriquece la figura: «Es más fácil pasar un camello por el ojo de una aguja, que un rico entrar en el reino de los cielos».

Rescatar al rico golpeado por la codicia es una práctica de nuestro tiempo. Como señala Lanier, es el caso de «Las principales firmas de Wall Street, aquellas que acabaron recibiendo los más colosales rescates a costa del erario público tras la crisis financiera de 2008». Una crisis donde la tecnología dejó mal parada la máquina. En ella jugaron un peligroso papel las correlaciones que hacían los sistemas de información financiera, aquellas que crearon monstruosos paquetes de inversión que terminaron por desatar el desastre. Es un caso de fe ciega en las máquinas y una falsa creencia en su omnisciencia.

El aporte del hombre gratis a la riqueza empresarial es inconmensurable, aunque casi nunca es consciente de ello. Su amo, ese sí, lo sabe y lo prodiga.

La feroz competencia entre las empresas para quedarse con información sobre sus clientes o potenciales clientes arremete a diario contra los usuarios de internet porque ahí está el secreto de las ganancias. Luchan por explotar una verdadera mina de oro cuyos yacimientos se utilizarán para la publicidad y el *marketing*. Para el *marketing* del entretenimiento.

La obtención de datos es un proceso sencillo para captar necesidades y deseos. Empieza desde el momento mismo en que el usuario acepta las *cookies* (la mayoría de veces obligado porque es la llave mágica que abre el portal que desea consultar) y luego continúa con la inscripción, mecanismo obligatorio para navegar por numerosas páginas web.

La tecnología cibernética, mientras tanto, se encarga del acopio y procesamiento de datos, cuyo destino final se aplicará a la publicidad *online*. El usuario no recibe nada a cambio, mientras los dueños de la empresa se enriquecen con la comercialización de la información sobre sus clientes. Cada uno de los usuarios responderá a un perfil completo, a donde llegará publicidad perfectamente controlada y acorde con su perfil. Ni siquiera los Estados más totalitarios del mundo tienen tanta información sobre los ciudadanos como la que acumulan Google, Facebook, YouTube o Instagram.

Pero no solo reciben riqueza a costa de los usuarios, sino también el poder de la información multiplicada por millones de seres humanos.

Los usuarios que contribuyen con su información al engordamiento de la red no reciben a cambio ninguna compensación económica. Las empresas crean un valor con la información obtenida y la explotación de ese valor solo retorna a ellas. Se trata de una absoluta minoría, que se beneficia económicamente de las redes digitales. La gran mayoría de la población es la fuente gratuita de sus ingresos.

Veamos un ejemplo. Cuando hemos mantenido una llamada fluida a través de WhatsApp, emerge un recuadro que invita a valorar la calidad de la comunicación. Como esta ha sido buena, el usuario pondrá la mejor calificación y tardará veinte segundos en hacerlo. Si esos veinte segundos se multiplicasen por los millones de usuarios que han realizado la operación, se tendrán millones de minutos producidos gratuitamente por el conjunto de los usuarios a favor de la empresa. WhatsApp no lo hace para mejorar la experiencia con las llamadas, como lo dice en el recuadro, sino para conseguir un mejor valor de la empresa en el mercado. Prueba de ello es que el recuadro de calificación no aparece cuando la comunicación ha funcionado mal o regular. Esos segundos de queja desvalorizarían la empresa. El hombre gratis, que es el que responde la encuesta, solo vale en este caso cuando el resultado final resulta económicamente útil para el dueño de la compañía.

A fin de cuentas nada es inocente ni gratis. Cuando se accede a la red, se considera que se ha realizado un acto gratuito y que lo que vendrá será aún más gratuito. Es el espejismo, el engaño de la gratuidad. ¿No compró el internauta un ordenador? ¿No paga a un operador por ingresar a internet? ¿No paga la electricidad que consume desde que enciende el aparato? La conexión inalámbrica no es gratuita. De vez en cuando, conviene revisar la factura de electricidad.

Vamos a tomar por caso un servicio a domicilio a nuestra casa. La empresa nos dice que pagaremos por la cena pero que el transporte nos resultará gratis. Lo creemos así. Y, sin embargo, no lo es. El tecnólogo Jaron Lanier calcula que hay que tomar un puñado de decisiones interdependientes para obtener el servicio. Ninguna de ellas esconde gratuidad alguna: hay que tener un móvil, una operadora de telefonía, un servicio de gestión de pagos, una aplicación del restaurante, una cuenta de correo electrónico para vincular la compra, una tarjeta de crédito con que pagar, un banco al que está vinculada esa tarjeta, wifi y, previamente, un cargador de electricidad para el móvil. Hemos pagado algo más que el domicilio. Nada gratis, como muchas veces se nos dice cuando la red nos ofrece multitudes de servicios. El falso gratis.

Desde otra perspectiva, tampoco son gratis Google, ni Facebook ni Twitter, por citar unos ejemplos, aunque la gente crea inocentemente lo contrario. Pagamos con nuestra información que llega hasta allí, y es monetizada y valorada en el mercado. Además de lo que obtienen esas empresas a través de los anunciantes, nuestros datos juegan en las mesas de negociación de las grandes tecnológicas. Los ingresos más importantes de Google dependen de la cantidad de enlaces que se muestran al internauta.

Rico es aquel que dispone de tiempo. Es el que se asegura de obtener horas, meses y años, muchas veces por cuenta ajena. En el terreno tecnológico dependerá de cuánto pueda ahorrarse en gastos de personal, en tiempo con los posibles problemas de centenares de trabajadores y, por tanto, en cuánto pueda beneficiarse del hombre gratis.

Las empresas buscan maximizar los beneficios. Forma parte de su naturaleza. Pero ello no puede ser a costa del hombre gratis, a quien no se le remunera por contribuir al crecimiento de esos beneficios. Así se maximiza la indignidad humana.

Es absolutamente cierto que las empresas son las generadoras de bienes, servicios, riqueza y empleo. ¿Qué sería de un mundo si ellas? Pero crear empleo gratuito resulta deshumanizante.

No todo es negativo, por supuesto. El alambique también fermenta maravillosas creaciones tecnológicas impensables en tiempos pasados. El acceso instantáneo a la información, que antes suponía una labor de meses o años, rompe los límites de lo imaginable. Las compras *online* —el comercio electrónico— facilitan la vida humana al ahorrar tiempo en desplazamientos, ofrecer inmediatez y permitir la oportunidad de adquirir productos situados en el otro extremo del mundo. La compra al instante en las farmacias de medicamentos formulados por los sistemas públicos de salud sin importar el lugar donde se encuentre el paciente. Reservas de hoteles, guías de viaje o alquiler de pisos son algunos ejemplos de servicios que alcanzan el nivel de confort soñado por la humanidad desde el siglo XVIII. Se trata de casos donde el resultado óptimo compensa el tiempo invertido por el internauta.

Una de las grandes virtudes de la tecnología cibernética es que enseña a leer y a escribir a millones de personas como a ninguna otra generación que nos haya precedido desde la invención de la imprenta. La gente monta *blogs*, chatea (extrañamente lo prefiere a hablar por teléfono), redacta correos electrónicos y manda mensajes más o menos legibles. Un logro a favor del alfabetismo o, cuando menos, un barniz de escritura en el analfabeto funcional.

La revolución digital es una cuerda floja que obliga al caminante a tener criterio para evitar la caída. El problema no es la información ni el acceso a centenares de aplicaciones ni el mismo internet, sino la ausencia de una actitud razonable para hacer un uso adecuado de todo ello. En la inmensidad de la revolución digital el hombre debe asegurarse del dominio eficaz de los medios puestos a su alcance.

LA VENTA DE LA FELICIDAD

El propósito político de conceder al ciudadano el derecho a la ilusión, de cuya esencia brota la idea de felicidad, no habría logrado desarrollarse si no hubiera estado asociada a la posesión material y a su obtención mediante la libertad económica. Y si bien es cierto que el mercado como tal, es decir la máquina de búsqueda, ha producido bienestar, también lo es que ha transformado la existencia individual y social en un macrocosmos económico. Por ello, más allá de un planteamiento sobre lo justo y lo injusto del modelo capitalista, una revisión del concepto de felicidad puede ofrecer explicaciones alternativas a las habituales teorías sobre su conducta ética.

La producción compulsiva y el consumo exagerado se requieren para garantizar réditos de manera permanente. Las cifras son elocuentes. Según varios informes de Naciones Unidas, en la actualidad el consumo es cuatro veces superior al de hace cincuenta años. Y, sin embargo, los salarios comparativos no han crecido de la misma manera. También, desde entonces, la gente ha modificado su destino de compras y, en vez de gastar en ropa y electrodomésticos, poco a poco el consumo se ha dirigido hacia la vivienda y los coches, donde los precios se han elevado mucho más y son, ante la sociedad, signos externos de felicidad.

Esto se explica llanamente por la capacidad del capitalismo para abrir el apetito consumista. Para vender la felicidad a plazos y servirse, cuando se requiera, del hombre gratis.

Hay dos tipos de hombres gratis, como se puede deducir de los argumentos expuestos hasta el momento en este ensayo. Están aquellos que, empujados por una realidad inmodificable, lo son por pura necesidad. Están obligados por las circunstancias. Su principal característica es la impotencia. Han sido conducidos hacia la sumisión. No encuentran mediadores entre ellos y las máquinas. Regalan su tiempo porque no tienen otra alternativa. Se someten o mueren. Son esclavos.

El otro tipo de hombre gratis es aquel que lo es por convicción. Gratuitamente alimenta internet y sirve a sus amos sin recibir retribución monetaria alguna. Me refiero a los tuiteros (o personas activas en X), *tiktokers* y otro tipo de usuarios. Muchos de ellos utilizan las redes en su beneficio para expresarse, difundir sus servicios y negocios, conseguir seguidores y clientes. Mantienen una presencia pública, gracias a los micrófonos de las redes.

También hay un tipo de hombre gratis consciente que posiblemente intenta ser feliz, aunque actúa como un idiota solitario, en medio de su aislamiento social. Se autoerige en esclavo voluntario. Cree que interactúa cuando en realidad es una pieza más del engranaje cibernético donde no tiene interlocutores sino receptores. Está gobernado por la soledad. Por lo general, destila odio y resentimiento, pero contribuye a optimizar los rendimientos económicos del amo. Es un anónimo de comportamientos sumisos y prescinde de amor propio. La reciprocidad es consigo mismo. Obra como un autómata.

La revolución digital ha tenido como efecto la creación de un modelo de sociedad vertical en el mando, ocultamente jerarquizada, y democrática en cuanto a los hombres que la habitan. Es una sociedad compuesta por seres eclécticos y obedientes. Deciden según la oferta de menús políticos y religiosos. El placer orienta sus posturas y no se plantean problemas por fuera de su entorno básico. Parecen vivir de esa manera. No quieren saber nada de la muerte. La obvian porque es un campo minado para sus expectativas materiales.

Entonces se echa de menos ese cuestionamiento de la muerte que ocupaba la mente de miles y miles de personas y grandes intelectuales en la década de los sesenta y los setenta del siglo XX. Recuerdo aquel diálogo entre Tennessee Williams y William Burroughs, dos genios de la literatura norteamericana:

Williams: Todos moriremos tarde o temprano. Yo prefiero posponer el acto.
Burroughs: Sí, eso hay que tenerlo en cuenta.

Williams: Siempre he estado aterrado con la muerte.

Burroughs: ¿Por qué?

Williams: No estoy seguro. Lo digo y no estoy seguro. ¿Usted que piensa?

Burroughs: Uno de mis estudiantes una vez me preguntó si yo creía en la vida después de la muerte y le dije: ¿cómo sabe usted que no está muerto?

La búsqueda incesante de la satisfacción de los deseos materiales como aspiración suprema desemboca, necesariamente, en la frivolidad, en la banalización de la existencia. Es como si cogiéramos con la mano un puñado de agua: se escurre por entre los dedos, se va.

En ocasiones, lo estruendoso suele encubrir una fatalidad. Los odios religiosos, por ejemplo, que se explayan a través de la red, pueden terminar en asesinatos, promovidos desde una página web, donde se entrenan los lobos solitarios. Son páginas dedicadas a exaltar el estruendo, a magnificar la inmolación, a destruir. El lobo solitario es un ser en busca de gloria, sea terrenal o celestial, cuyo protagonismo obra como su mayor motivación.

Uno de los graves problemas de la revolución digital es el de llevar el yo a límites extremos. No solo revoluciona al lobo solitario, sino al ser anónimo, a ese individuo que se desnuda ante los demás mediante sus palabras e imágenes con la intención de impactar, de provocar reacciones aplaudidas. Se sentirá aún mejor si con su actitud produce esa bola de nieve a la que se sumarán otros individuos dispuestos a superarlo en extravagancias y conductas demenciales. No hay control sobre sí mismo. La rivalidad es el motor y la competencia, el mecanismo de emulación. El propósito es trascender, aparatosamente, desde el anonimato a sus círculos próximos inmediatos en internet o en las redes sociales. Se trata, en la mayoría de las veces, de posar y ser admirado por su supuesta destreza y acciones disparatadas.

La felicidad no se compra, aunque se venda. Si la tendencia es a desear más o a extremar la satisfacción individual, la infelicidad, como se ha dicho, irrumpe al fracasar en el deseo o desemboca en el hastío. La sensación de felicidad probable es apenas un leve transcurrir del goce, siempre fugaz. La revolución digital, sin duda, contiene en sí misma el mercado donde encandila el espejismo de la compra y venta de la felicidad. Antes de que salga el sol, otro fantasma se habrá llevado a rastras la sombra de lo inasible.

LA SOCIEDAD FRENÉTICA

El mundo cibernético tiene como paisaje de acción a la sociedad frenética. La rebelión de las masas, para emplear la expresión orteguiana, consiste a mi modo de ver en actuar con frenesí sin saber para qué ni por qué.

El algoritmo maneja emociones. La revolución digital es, sobre todo, una revolución de deseos. El algoritmo marca el camino a seguir. Como invalida el análisis, el pensamiento crítico y manipula las emociones, sitúa al hombre en el plano puramente animal. Se da, entonces, ese fenómeno que señalaba el investigador en neurociencia Michel Desmurget: el de los cretinos digitales.

La revolución digital está plagada de ellos. Me dirigí al servicio estatal de correos para enviar un viernes un paquete urgente a Berlín. Debí pagar un sobrecoste por la urgencia. Llegaría el lunes. La funcionaria de turno me informó que todo estaba en orden y salí tranquilo de allí. Una niña de trece años esperaba en

Alemania el pronto arribo del paquete, que no llegó según lo previsto. Di tres días de margen y regresé a la oficina de correos el jueves a preguntar por el asunto. La mujer consultó el ordenador. Me leyó: «Martes. Su paquete está en ruta. Llegará a su destino el día planeado». Le hice caer en la cuenta de la contradicción: si el martes está en ruta es imposible que llegue el día planeado, que era el lunes cuando hoy es jueves. «No le puedo decir nada más», respondió en un alarde de menor inteligencia incluso que la del mensaje leído. El programa informático se convierte en la única razón. El que lo usa se transforma en una máquina como si estuviera programado para serlo.

Si el cerebro humano contiene 86 000 millones de neuronas, una buena parte de ellas deberíamos dedicarlas a mediar entre el hombre y la máquina. Entre el fin y el medio.

La sociedad frenética se desfoga en la búsqueda incesante de lo escandaloso, en la violación de la intimidad personal, en la vulgaridad, sin freno de ninguna clase. Entre más se escarbe en lo peor de la miseria humana, más gusto y morbo proporcionan.

En esa sociedad frenética ha caído una buena parte del periodismo. Son muy pocas las excepciones. Otra forma de decirlo: el periodismo contribuye al frenetismo de la sociedad y, al mismo tiempo, actúa conforme a él para poder sobrevivir. Como si el mundo hubiese regresado a los tiempos del telegrama, los medios emiten pulsaciones en letras, sin análisis de ninguna índole. Noticias en caliente, a las que llaman en desarrollo para mantener la fidelidad del navegante. Las versiones digitales de los diarios compiten entre sí en velocidad y amarillismo. Uno tras otro titular, de manera frenética, ocupa las pantallas solo unos cuantos segundos para desaparecer al instante. La información no pretende llegar a la cabeza del lector, sino al corazón de sus emociones. Por eso, el periodismo recurre ahora al llamado *clickbait*. Se trata de lanzar anzuelos a los usuarios para conseguir mayor número de visitas, mayor número de lectores y mayor publicidad. La carnaza del anzuelo contiene palabras que despiertan morbo, curiosidad o el escándalo: «"Me paralicé": popular *influencer* denuncia indignante caso de acoso sexual». Este es un ejemplo de cómo se estructura actualmente el titular de una noticia.

¿Quién compra estas noticias? Sobre todo el hombre gratis, que tiene tiempo para perder, que, en su frenética carrera hacia la nada, dilapida horas que jamás recuperará.

La sociedad frenética, si no acude a cada momento a actualizarse, a enterarse de las nuevas tendencias, de las últimas noticias, sean de naturaleza política, económica, de farándula o sobre salud, se siente perdida, por fuera de un mundo que la empuja a la lealtad por las ráfagas fugaces.

Se puede obtener información útil, pero también malgastar el tiempo cuando se navega por ociosidad, por pasar el tiempo, por sucumbir ante una patología de dependencia. El hambre milenaria. Mientras ello sucede, otros se enriquecen. El hombre gratis forma parte de esa sociedad frenética y se presta para ello. Corre. Proporciona contenidos, informa deseos, muestra su perfil consumista, mientras el caudal de datos recopilado sobre su quehacer cibernético se vende a precios exorbitantes a cambio de nada para él.

El hombre gratis es, a la vez, productor de contenidos y consumidor vocacional. Crea valores que tienen precio. Es el alimentador económico de Facebook, de Twitter, Tik Tok. Y por muy veloz que sea su paso por internet, por muy zigzagueante que sea su navegación, el rastro que deja se convierte en un bien comercial y comerciable. Su frenetismo pone en marcha extrema, anormal, los mecanismos de oferta y demanda del mercado. Desata una lógica matemática basada en el algoritmo, que se autoalimenta a velocidad de vértigo. De ese impulso se nutren las empresas cada vez que, con prisa incontrolable, aceptamos las infernales *cookies*, con tal de navegar al segundo, sin saber que entregamos a ellas nuestro cuerpo informático.

En la sociedad frenética el hombre se vuelve veleidoso, muchas veces ausente, sin fisonomía analítica. El ser pensante, en cambio, requiere tiempo, espesura, profundidad, ejercicio crítico. Cabalidad. Con internet, los humanos tienden a volver perezoso el pensamiento y esto puede resultar maravilloso para muchísimas personas.

El animal narciso

Las redes sociales ocupan un submundo. No están en la superficie de la transparencia, ni están a la luz del día. Se alojan en los móviles herméticamente. No son gratuitas, como alguien podría creer. Se paga por navegar entre ellas cantidades de dinero que van al bolsillo de sus multimillonarios creadores. En ese submundo se juzga, se condena, se calumnia, se engaña. La opinión se manipula y sus figuras sobresalientes, sus estrellas mediáticas, han sustituido a los intelectuales de prestigio, verdaderos vestigios arqueológicos que carecen de espacio para los grandes debates intelectuales del pasado.

La civilización del pensamiento ha dado paso al genio del entretenimiento, que Mario Vargas Llosa definió como la civilización del espectáculo, y que también podríamos llamar la civilización del entretenimiento. Y, claro, el intelectual no entretiene. Porque, precisamente, obliga a pensar. Esto no tiene cabida si lo que cuenta es la satisfacción animal de deseos y necesidades. El animal narciso. El mismo narciso cuyo oficio es consumir y exhibirse en todas partes y en todo momento. Jamás procede con cautela.

Las redes sociales enriquecen a sus dueños a costa de que los usuarios naveguen masivamente en la autopista de las tonterías. «Las gentes no suelen ponerse de acuerdo si no es en cosas un poco bellacas o un poco tontas», dijo Ortega y Gasset en la *Rebelión de las masas*. Pero ello tiene su lado grave. A través de esa autopista se eligen y se derrocan presidentes, se imponen modas de manera superflua y, muchas veces, peligrosa. Por esa ciberautopista engrasada de imágenes que son cadáveres de la inmediatez se desliza el nuevo protagonista político, remedo de sí mismo, con sus comentarios fugaces, sin esa lucidez que proviene del análisis templado de hechos y circunstancias.

La globalización es imperativa. Denis Olivennes lo dijo de esta manera, en su libro ya citado: «Las sociedades democráticas se parecen cada vez más. Tienden a dotarse de las mismas estructuras, los mismos valores, la misma cultura, el mismo imaginario social». Son sociedades de individuos narcisos, que responden a las expectativas de una cultura de masas.

La cultura de masas, por lo superficial, empobrece la cultura misma, que ha sido todo lo contrario: profunda, sensible, orientadora. La cultura actual, si es que así puede llamarse, está vaciada de cultura. La cultura, señala Vargas Llosa en *La civilización del espectáculo*, supone una tabla de valores y, en un plano de frivolidad, esa tabla de valores está invertida porque «la forma importa más que el contenido, la apariencia más que la esencia y en la que el gesto y el desplante —la representación— hacen las veces de sentimientos e ideas». Esto marca el tono de nuestra época. El hombre como farándula de sí mismo.

La revolución digital ha traído consigo el desapego por las interacciones físicas. Le otorga una importancia superlativa al contacto virtual, a la exacerbación del yo, al aislamiento social. Cada cual con su móvil o su ordenador crea su propio mundo digital, distante del real, ajeno al contacto físico. Y, aún más grave, cree en él. Las relaciones humanas directas son apartadas y sustituidas por el poder que otorga la máquina para dar forma a la satisfacción individual.

Aristóteles afirmaba que el hombre es un ser social por naturaleza. El medio se impone sobre la condición congénita; la circunstancia lo atrapa y empieza a transformarse en un ser asocial por imposición. El modelo se ha impuesto. El hombre se adapta al entorno. Cambia su contorno. Uno de los directivos más importantes de la multinacional Sun Microsystems, John Gage, resume la posición del aislamiento individual que surge en la actualidad desde el propio modelo laboral. No tuvo empacho alguno cuando afirmó: «Contratamos a nuestros trabajadores por ordenador, trabajan por ordenador y los despedimos por ordenador». El artilugio como mago del despido.

El apetito humano es incorregible, natural y pasmosamente animal. El fastidio no viene, como afirmaba Maquiavelo, de las cosas que se poseen. No. Emerge del descontento por las cosas que no se poseen. Hablamos de magnitudes inalcanzables en una vida. El instinto como disparate. La adhesión a la cosa.

El hombre gratis busca fama y, gratuitamente, alimenta las redes sociales con su desbordamiento. Hace del bullicio individual herramienta para conseguir la atención, para enjaularse en su propio narcisismo. Para tratar de hallar sus quince minutos de fama, como ya se ha dicho.

LA SONRISA DEL VENDEDOR

Hoy, cuando alguien compra un producto o un servicio, la atención es exquisita y las palabras, benevolentes. Uno siente que le tienden la mano para recibir el correspondiente pago con cierta dulzura. Las sonrisas se vuelven entrañables y acompañan hasta la puerta para despedirse con un gesto sacrosanto. La sonrisa del vendedor es la impronta que guardamos en agradecimiento.

Pero cuando resulta que el producto salió defectuoso o el servicio no era lo que se esperaba hay que volver a la tienda, casi siempre multinacional, y el sentimiento es sobrecogedor: primero se ignora al cliente y luego se le dice, con soberbia imperturbable, que las quejas debe ponerlas por escrito a través del departamento de atención al cliente que hallará en la web. También hay un número de teléfono a su disposición. Desde luego, el camino más sencillo es hacer la llamada. El hombre gratis, entonces, se ha de encarnar en sí mismo. Comienza su jornada laboral gratuita en calzas prietas.

Tras una larga búsqueda, que está prevista para que el cansancio lleve al abandono del objetivo, aparece un número. Nadie contesta o surge una grabación que invita a que lo intente más tarde. Han transcurrido cuarenta minutos.

La furia aumenta a medida del fracaso. Finalmente, alguien responde al otro lado de la línea. Tras varios minutos de narración del problema, la voz decide trasladar la llamada a otro operario, a quien se le cuenta de nuevo el asunto en cuestión. De repente, un pitido anuncia que la llamada se ha cortado. O que el operario, en ejercicio de su pequeño poder, ha optado por colgar. La historia se desvanece en medio de la impiedad.

No queda más remedio que acudir a la web. Un apartado para las quejas es descubierto media hora después. La página está construida para que abandonemos la misión. En un recuadro, diseñado para que aparezca una publicidad que impide escribir, dejamos finalmente consignada nuestra reclamación. Nuestra lamentación. Cerramos la página con la certeza de que jamás volveremos a saber de la tienda multinacional. En el intento, el hombre gratis ha dilapidado cerca de dos horas. La hazaña imposible nos sitúa en el marco de la idiotez.

Los seres humanos tienden a desaparecer y las máquinas depredan nuestra defensa como consumidores. La queja es basura para la empresa. Y la empresa es la autoridad despersonalizada que nos sitúa en el umbral de la humillación. La sonrisa del vendedor ha sido sustituida por la amargura de nuestro rostro.

Luis Racionero lo expuso con estas palabras: «Antes era la industria quien marcaba la pauta de la economía, hoy es la cibernética el sector que detenta los hilos, y luego disuelve incluso esos hilos, reemplazándolos por microondas para que su trama de autoridad se haga realmente invisible e inasequible».

Una oferta telefónica asoma con voz aséptica y amable. Nos preguntan por nuestro nombre de pila, para tratarnos con familiaridad, y, en adelante, el apellido es un añadido impersonal. Imaginamos la amplia sonrisa del vendedor cuando nos propone cambiar de empresa de telecomunicaciones y nos ofrece televisión, internet y telefonía a mejor precio. Nos ha convencido con su amabilidad. Llegamos a un acuerdo y luego, antes de colgar, la voz nos pide que califiquemos la atención a través de otra llamada que recibiremos. Notable.

Dos semanas más tarde, internet ha dejado de funcionar. Llamamos a un número bonito de cuatro dígitos y nos atiende una cadena de voces insufribles. La voz final dice que toma nota de la incidencia y que un técnico nos llamará en el término de veinticuatro horas. El técnico se comunica a las treinta y seis horas. Le contamos la historia. Internet, en efecto, ha dejado de funcionar, concluye maravillado con su razonamiento. Se despide y nos dice que nos llamarán de nuevo para atender correctamente la incidencia. Una máquina nos avisa, días después, de que nos enviarán por correo un nuevo *router* para que lo instalemos nosotros mismos. No tenemos manera de explicarle que antes aparecía un técnico y ponía a funcionar el aparato. No, señor. Para eso está el hombre gratis. Usted ha sustituido al técnico y la empresa se ahorrará un buen dinero.

Una grabación avisa que el *router* llegará entre las ocho de la mañana y las dos de la tarde. No tenemos forma de explicarle que son horas de trabajo y que no podemos recibir el aparato. La máquina que nos ha llamado está satisfecha con su nula decencia. Nos quedamos en casa. No hay opción. Es la penosa condición humana. El hombre gratis ha aportado seis horas más a la multiplicación de los ahorros laborales. El aparato llega a las dos y no a las ocho, como habría querido. Leemos las instrucciones y procedemos a su instalación. Como hombres gratis, dedicamos un par de horas y mucho sufrimiento a ponerlo en funcionamiento. Un técnico habría gastado diez minutos. No tenemos manera de explicarlo a la máquina que nos ha llamado varias veces con su sonrisa artificial.

Una tarde de esas me indigné y decidí ejercer de arqueólogo urbano. Buscaba una sonrisa de verdad, calificada para lograr algún entendimiento con la humanidad. Trataba de hallar la preciosa risa, alojada en un rostro amable, con gestos de bondad. La hermosura apareció en el barrio. Era la del carnicero que se alegraba de verme; era la mujer del quiosco que me saludaba con la cara encendida y el beso amigable; era la farmaceuta, vestida de blanco, que me preguntaba cómo me sentía. La sonrisa de verdad me llenó de devotas emociones.

La deshumanización programada

El problema actual es que la máquina programa al hombre y no el hombre a la máquina. Las consecuencias son obvias. Son todas aquellas que se derivan de poner al ser humano en segundo plano. El recinto del encadenamiento a la máquina es habitáculo de nuestro tiempo. La tecnología puede ser una conquista, pero también una trampa. Un acontecimiento mayúsculo que termine por alienar, por deshumanizar, por suplantar al hombre.

Pretender que se prescinda de la tecnología es un exabrupto, una aspiración demencial e inviable. Lo que se desea en realidad es que no se abuse de ella y no robe el tiempo a los hombres. El malestar está en la función predatoria, perfectamente organizada para garantizar el consumo conspicuo y el enriquecimiento a costa ajena.

En nuestro tiempo estamos codificados. La tecnología permite saber quiénes somos, qué hacemos y, sobre todo, qué vendernos. Hasta capta nuestras palabras. Nos escucha. Se entromete en nuestros diálogos. Hablamos de yogures y, de inmediato, el ordenador o el móvil nos ofrece publicidad de esos productos. La oferta está programada porque la demanda ha sido previamente construida en el algoritmo de nuestra existencia.

A menudo, somos arrollados de esta manera: trabajo gratis ante un ordenador que vomita publicidad, como si fuera un cañón puesto en nuestra frente. Esclavitud cibernética. ¿Cuánto tiempo hemos perdido? ¿Y a quién le importa? Lo que interesa es que la empresa se salga con la suya y no se deje desenmascarar. Que el arcano se mantenga oculto.

Una acción programada del empresario actual consiste en depositar su desconfianza ante el consumidor en los llamados *call centers*. Se trata de lo que se conoce como externalización. Significa que un servicio se puede contratar o subcontratar por fuera de las empresas que ofrecen directamente bienes o servicios. Los *call centers* reclutan empleados de baja calidad, mal pagados y hacinados en gigantescas naves ubicadas en cualquier parte del mundo, generalmente en países pobres donde resulta más barata la mano de obra. Se encargan, sobre todo, de atender quejas y de tratar de resolver dudas y problemas de los clientes de determinadas compañías. Esos empleados rara vez responden con claridad a una llamada telefónica del hombre gratis y suelen escabullirse en medio de protocolos que repiten incesantemente. No opinan, no disciernen, no reflexionan. Siguen un guion que alguien les ha dado y lo aplican para todo. Nada que se parezca a la racionalidad del hombre puede esperarse de ellos. Pero es una manera de desviar al cliente, a muy bajo precio para las empresas, hacia el espectro de la irresolución. Detectamos cierta aversión hacia el malestar ajeno cuando la mala suerte o el destino nos conduce hacia esas fábricas de humanos programados. Pero, tarde o temprano, todos seremos sus víctimas.

En la deshumanización programada se olvida que la propia programación se funde en un precio: el móvil, el ordenador, el tiempo consumido, la suscripción pagada por tener internet. Olvidamos que, de por medio, hay una empresa de telecomunicaciones que se beneficia económicamente. Este tipo de empresas se encuentran entre las veinte más vendedoras de España y, a nivel mundial, una de ellas —la americana Verizon— está entre las diez marcas más valiosas del planeta.

Cuanto sucede en línea no necesariamente se traduce en relación humana, en interacción social. En muchas ocasiones, provoca una encapsulación de los sentimientos. Una persona puede estar horas enteras, días y semanas en diálogo con otra a través de WhatsApp, aparentemente en comunicación y bajo cierta familiaridad. Sin embargo, cuando se produce el encuentro personal, es posible que ambos se sientan desconocidos, como si jamás hubiese habido un intercambio de mensajes. Se sienten lejanos de espíritu. Entre los dos se había levantado un muro de cristal, invisible, intocable, que distanciaba, pese a que el supuesto objetivo del WhatsApp era acortarlo. Es cuando la virtualidad sofoca la realidad. El estremecimiento sensual pasa a ser espejismo digital.

Se nos conduce a través de un corredor casi de confinamiento, con ruidos lejanos de catacumbas modernas, sin más remolque que nuestra propia ofuscación, a la vuelta de un recodo con dirección asistida. Sí: la vida nos viene programada. El mercado, con base en la tecnología, nos señala cada día de nuestra existencia el camino a seguir. Impone su voluntad invisible con sus diversas astucias.

La deshumanización, por ejemplo, también ha capturado al sector financiero, uno de los negocios más lucrativos del mundo. Cada día desaparecen sucursales y cada día el cliente se siente más desprotegido. Si se entra a un banco, lo más probable es encontrar un lugar desolado. Si antes había seis o siete empleados para atender a los clientes, en la actualidad solo una persona se dedica a ello y se encarga de informar que las transacciones deben realizarse vía *online* o pide que se acuda a los cajeros automáticos si se desea realizar alguna operación.

En España hubo un amplio movimiento de más de 600 000 clientes que protestaron hace poco tiempo ante las entidades bancarias, bajo el lema: «Somos mayores, no idiotas». El triste episodio mostraba el malestar de miles de personas que dejaron de ser atendidas personalmente para ser entregadas a las máquinas. Eran, sobre todo, de edad avanzada, pertenecientes a una generación que no se crio entre *bytes*, para quienes el manejo virtual se dificulta al máximo y quedaron abandonadas a su suerte o a

la piedad de algún familiar que les ayude ocasional-
mente. Los clientes de los bancos, de la noche a la
mañana, se convirtieron en sus propios contables,
sus propios cajeros, sus propios gestores de prés-
tamos, sus propios empleados, que deben trabajar
gratis y desde un ordenador. En vez de tratar con
un empleado, se trata con la tecnología programada,
mientras la banca se enriquece y se rescata con ayudas de los ciudadanos que pagan los impuestos cada
vez que sufren una crisis financiera.

La deshumanización programada consiste en tras-
tocar la condición humana en concreción maleable y
programable. El hombre se transforma en sujeto de
múltiples posibilidades de modificación de su conducta. La programación digital conduce y reconduce
al hombre; tiene su propia señalización; determina los
saltos y las caídas. Los rumbos. Lleva con precisión
farmacológica al hombre hacia donde ella quiere que
vaya. Automatiza. Además, margina a unos sectores
de la sociedad: los mayores y los pobres. Y controla
la capacidad de resistencia porque es en sí misma capaz de doblegarla, atenuarla, derrotarla. El hombre
que no resiste está ya deshumanizado. Han triunfa-
do sobre él los programadores. Le han arrebatado
su fuerza vital para que así acepte la imposición programada. Es cuando la libertad aparece infiltrada por
una sucesión de ensayos, también programados, para
saber hasta dónde el hombre soportará la embriaguez
digital. Entonces cuesta definir al ser humano. Es casi
mero artefacto tecnológico. Un humano deshumanizado.

El tiempo no tiene precio

«Es raro que uno tenga tiempo de verse triste», escribió Mario Benedetti en su poema Ángelus. Es porque lo perdemos en otras cosas, que no parecen dar tiempo de espera, que nos impide observar cómo desaparecen los arreboles. Me miraban con dignidad sin que yo lo supiera.

Sí: el tiempo que el hombre agota es irrecuperable. Es la medida de nuestra existencia. El tiempo que ahorra, por eso, es precioso.

La revolución digital se nutre del tiempo ajeno. Es fuente de sus ingresos y esquema de la totalidad de sus factores. Las máquinas lo absorben como una subrogación a favor de sus dueños. En ello hay cierto despropósito porque desata una pertenencia perentoria, pero suficiente para compensar la inversión en tecnología que ha realizado la empresa. Entonces una soberanía abusiva de las empresas enjaula el tiempo humano y lo convierte en valor económico.

Implacablemente asume una actitud despectiva hacia el animal enjaulado: «Todos nuestros operadores están ocupados». E insistir es cosa del hombre gratis por necesidad y por obligación.

El viajero solía llegar al aeropuerto, entregaba su documento de identidad al empleado de la aerolínea y, unos minutos después, ya tenía despachado su equipaje y había obtenido su tarjeta de embarque. Días antes, unos empleados de una agencia de viajes le habían aconsejado el itinerario ideal y vendido los tiquetes. El viajero se sentía seguro.

Esa seguridad se esfumó con la revolución digital. Ahora se trata de un hombre gratis, que deberá gastar su tiempo frente a un ordenador, consultar doscientas aerolíneas antes de comprar a precios que cambian a cada segundo, rellenar una multitud de formularios, pagar por un asiento y adquirir el billete, si al final de la larga jornada amenazadora —quedan dos asientos— hay plazas disponibles. Si el hombre gratis no ha realizado la facturación de las maletas a través de la plataforma digital, deberá pagar un sobrecoste para ser atendido por un ser humano. Si quiere un ser humano, pague más. Pero la jornada extenuante aún no ha terminado: horas antes de viajar deberá hacer el *check-in*. Otro proceso despiadado e incierto.

Se trata, básicamente, de que el cliente se las arregle por sí solo. El mismo que ha puesto, gratuitamente, su tiempo al servicio de una aerolínea durante al menos cuatro horas para emprender un viaje. Pero ese hombre gratis no ha culminado todavía su labor. Aún le espera el aeropuerto, a donde acude inseguro porque no tiene la certeza de haber hecho bien las cosas. Tendrá que manipular una máquina si quiere que su maleta también viaje, sacar una pegatina y pegársela. Si multiplicamos el número de clientes por las horas gastadas de cada uno en su intento de viajar, tendremos un resultado multimillonario a favor de la aerolínea en gastos de personal. A cambio de ello, si le va bien y no tiene problemas de retrasos de vuelos, documentación insuficiente o vacunas inadvertidas, el hombre gratis viajará con estrés acumulado, cortisol a borbotones, miedos cenagosos y hasta daños sicológicos. La aerolínea, en cambio, se queda en tierra para seguir ejerciendo su función multiplicadora de beneficios a costa del hombre-maleta.

Muchos han vivido experiencias diferentes, pero con características comunes en sus papeles de hombre gratis respecto a las aerolíneas. Mi hijo menor hace poco pasó por una situación que le pedí que redactara para este ensayo. Es un relato angustiante. Esto es lo que escribió:

Cuando planeábamos un viaje transatlántico con unos amigos, me postulé como voluntario a comprar los billetes de avión que nos llevarían a nuestro destino. Fue una pesadilla.

En mi primer intento de comprar los billetes a través de la página web de la aerolínea, cuyo precio ascendía a algo más de 3000 euros, me saltó un escueto mensaje: «no ha sido posible realizar su compra». Tras un largo rato introduciendo todo tipo de información "relevante" —que me volverían a pedir infinitas veces— y los números de mi tarjeta bancaria, había fracasado. Revisé que tenía suficientes fondos, comprobé la fecha de caducidad de mi tarjeta, verifiqué que no se trataba de una página web pirata... Todo estaba en orden, por lo que me decidí a volver a ensayar.

En mi segundo intento, me volví a chocar con el mismo mensaje: «no ha sido posible realizar su compra», que no ofrecía ninguna explicación. Mi angustia aumentaba porque sabía que subían los precios. De nuevo, comprobé todo e incluso cambié de ordenador. Una vez más introduje los mismos datos y al cabo de un tiempo invertido en hacer lo que se me indicaba, la página web de la aerolínea me dijo, o incluso me gritó: «no ha sido posible realizar su compra».

Había gastado toda la mañana y parte de la tarde en intentar comprar los billetes. Llamé a mi banco, donde me dijeron que todo parecía estar bien. Temí que fuera un problema de mi dispositivo, por lo que decidí pedir prestado otro ordenador. Busqué los vuelos, que por suerte no habían subido de precio y seguían disponibles. Introduje todos los datos por enésima vez. Respiré hondo, cerré los ojos y pulsé "comprar". Cuando los abrí y me encontré de nuevo con el mismo maldito mensaje.

Se me ocurrió la idea de realizar la compra con otra tarjeta —empolvada— que tengo. Repetí la acción una vez más y al final encontré que el mensaje había cambiado. Me alegré. Pero duró poco. Esta vez era peor: «Gracias por su compra, no ha sido posible tramitar sus billetes. Póngase en contacto con la aerolínea». No aparecía un teléfono, ni un correo de contacto, ni un número de seguimiento. Nada.

Revisé la aplicación de mi banco en el teléfono con la esperanza de que no me hubieran hecho el cobro, pero mostraba un pago de hacía dos minutos de más de 3000 euros de "XXX Aerolínea". No podía ser: había perdido todo el día, tenía 3000 euros menos y ningún billete de avión. Tras más de media hora de buscar en internet un número de atención al cliente, lo encontré. Sorprendentemente, oí una voz al otro lado del teléfono, a la que empecé a explicarle mi problema. Piiii-piiii. Me habían colgado la llamada.

Estaba cansado, desolado e impotente, pero el afán de recuperar mi dinero me llevó de nuevo a buscar otro teléfono de contacto. Tras otra media hora de búsqueda me topé con un foro de perjudicados como yo, donde habían publicado un número de atención al cliente vía WhatsApp. Del otro lado me saludó un "asistente virtual", que me formuló varias preguntas raras. Por ejemplo, me pidió el número de la reserva, a pesar de que no tenía. Intenté contestar a cada una de ellas. Finalmente concluyó: «Las medidas máximas de tu maleta de mano son: de alto 55 centímetros, de largo 35 centímetros. Y de ancho o profundidad 25 centímetros. Incluyendo los bolsillos, ruedas y asa, puede pesar, como máximo 10 kilos en clase económica y en Premium Economy o Premium Business, 16 kilos». Le transmití al "asistente virtual" que no había entendido absolutamente nada de mi problema, que no versaba sobre las medidas del equipaje, sino que me habían cobrado más de 3000 euros por unos billetes de avión que nunca me dieron. Pero el "Asistente virtual" no estaba programado para solucionar esa cuestión y me comunicó que me transferiría con un asistente humano. Una vez más, le conté lo que me había sucedido y aporté incluso una foto del mensaje que me salió en la página web. Respondió

inmediatamente «¿Con qué te puedo asistir en el día de hoy?».
Dudé de verdad de que fuera humano. Me contestó con una
respuesta programada después de que invertí varios minutos en
mi explicación. «Perdón, le acabo de contar lo que me ha suce-
dido. Eso es precisamente con lo que me puede asistir», contesté.
Me solicitó mi correo electrónico y, tras dárselo, me pidió que
esperara "un momento". A los 8 minutos (40 minutos desde
que contacté por primera vez con el asistente virtual) me llegó
un mensaje suyo que decía: «Si deseas te asisto por otra herra-
mienta. El pago es con tarjeta de crédito». Confundido le dije
que no entendía su mensaje y él me dijo «te puedo asistir, pero el
medio es con tarjeta de crédito». Le comenté que no entendía de
qué medio me hablaba y contestó: «Por políticas de privacidad
y así poder ayudarte con tu requerimiento necesito los siguien-
tes datos por favor: Nombre completo, E-mail, Número de
documento, País de donde se comunica y Número Telefónico».
Más confundido de lo que estaba le dije: «¿Podrías, por favor,
ayudarme con el problema que te conté?». «Antes debes pasar
las políticas de privacidad», me recriminó. Acorralado, le di
toda la información. Me dijo que en esos momentos estaban
presentando inconvenientes con el portal web y que «de ante-
mano le pido disculpas por las molestias ocasionadas». «¿De
antemano?», pensé yo. Un cuarto de hora más tarde me dijo
que procedería a llamarme.

Tras unos 10 minutos (hora y media después de haber contac-
tado con el asistente virtual) me llamó y, al cabo de un rato de
hablar, me confesó: «Caballero, el vuelo que usted compró no
existe. Siento comunicarle que no tenemos asignado ese vuelo,
por lo que no es posible que compre boletos para ese avión».
Habían pasado más de diez horas desde que intenté realizar la

compra por primera vez esa mañana. Diez horas que nadie me devolverá y 3000 euros por cuya recuperación debía empezar a luchar en un round *todavía más largo, complicado e incierto.*

Otra cosa es mi propio tiempo, del que soy soberano. Resulta, por ello, interesante una aproximación del sociólogo Pierre Bourdieu al tema del tiempo a raíz de un enfoque sobre el capital cultural, citado por el ensayista Antonio Manilla: «La acumulación del capital cultural [...] consume tiempo, tiempo que tiene que ser invertido personalmente por el "inversionista"[...]: el trabajo personal, el trabajo de adquisición, es un trabajo del "sujeto" sobre sí mismo [...] Quien lo posee [el capital cultural] ha pagado con su "persona", con lo que tiene de más personal: su tiempo». De esta manera, nos encontramos con el ejercicio de la libertad para cultivarnos, para apropiarnos de la cultura. Lo hacemos gratuitamente, a costa de nuestro propio tiempo porque no hay otra forma. Pero es a cambio de algo, que no concluye en el enriquecimiento de otro por nuestra causa. Es a cambio de nuestra culturización. Es una ecuación elemental. Un trueque enriquecedor: cultura por tiempo. El hombre se refina y paga por ello con su propio tiempo.

Érase una vez en que el tiempo era oro. Nada lo afectaba porque era nuestro tiempo y disponíamos de él bajo plena libertad. Perderlo era un asunto de voluntad libre y soberana. No una coacción ofensiva. «El tiempo es oro», en realidad «el tiempo es dinero», fue una frase creada por Benjamin Franklin en 1748, cuando aconsejaba sobre su valor a un joven comerciante, aunque algunos sostienen que apareció años antes en la revista *The Free-Thinker*. Sea de quien sea el sabio proverbio, revela la conciencia de la finitud de nuestro tiempo. El tiempo no tiene marcha atrás, transcurre sin piedad, y es sabio manejarlo y gastarlo con ecuanimidad. «El tiempo es vida», como señala Craig Lambert. La revolución digital debería frenar cuando pretenda robar tiempo al ser humano. Esto debería ser un principio básico de su acción creadora.

La desmedida del hombre gratis

El personal ha desaparecido casi por completo de los supermercados y las grandes tiendas. A partir de ahí resulta fácil suponer que la reducción de costes laborales aumenta el margen de beneficios para sus dueños. Así es. Pero, cómo no, a costa del hombre gratis, que reemplaza a los empleados. Pone su tiempo al servicio del supermercado o de la tienda. Como no tiene quién lo oriente, recorre los infinitos pasillos, se pierde entre ellos, vuelve a empezar, refunfuña, busca sin éxito a quién preguntar hasta que, finalmente, después de un largo rato, encuentra lo que deseaba. ¿Cuánto tiempo dedicó a la búsqueda? ¿Una hora? ¿Media hora? ¿Dos horas? ¿Le pagaron por su tiempo? ¿El supermercado lo recompensó? ¿A cuántos empleados sustituyó ese día? ¿A cuántos ha reemplazado gratuitamente lo largo de los años?

Los cajeros han sido cambiados mayoritariamente por máquinas al momento de pagar la compra. Un ahorro sustancial en personal. Usted debe escanear los productos y pagarle a la máquina. Si observa, suele haber un empleado cercano a las máquinas. Pero no solo se trata de alguien cuya función es atenderle ante un inconveniente, sino de vigilar que usted no robe a la máquina.

Es probable, además, que después de hacer la compra debamos llevarla al coche en un carrito. La devolución del carrito la hace el hombre gratis sin saberlo. Los supermercados ahorran en el mundo millones de euros al no contratar a una persona que se encargue de situar los carritos en las áreas destinadas para ello.

A las máquinas se les enseña a gestionar protocolos. Son las que contestan a nuestras llamadas telefónicas o a los chats en las páginas web de las empresas. Hasta ahora, no se les ha podido enseñar o programar en el sentido común. De ahí el choque frontal entre nuestra lucidez y sensibilidad y su estupidez superlativa. Pero soportamos la máquina, aunque sea con desesperación. No hay otra opción. Esa máquina le habla, claro está, al hombre gratis. Y reemplaza por lo menos a cinco personas, a las que a su vez sustituye el hombre gratis. Son ganancias en personal y aumento de utilidades a costa del hombre gratis.

También a los seres humanos se les enseña a gestionar protocolos, como opción final a la que se llega tras sucumbir frente a las máquinas. El anhelado ser humano con el que queremos resolver nuestros problemas finalmente se pone al habla. Una bendición. Pero enseguida nos parece que nos es un ser humano porque repite lo mismo que ha dicho la máquina multitud de veces. Es un irresoluto que termina por dirigir al cliente hacia la nada.

Una benévola opinión sobre Wikipedia señala que se trata de un laboratorio de cooperación social. En realidad es un espacio abierto donde, desmedidamente, internautas gratuitos, hombres gratis, deciden la vida y milagros de miles de seres humanos que aparecen en la mal llamada enciclopedia. Las alertas son sistemáticas: su información, desde la perspectiva académica, no resulta confiable.

Otro caso probable de cooperación social sería YouTube. Pero, como Wikipedia, tampoco lo es. Se nutre con hombres gratis que suben miles y miles de vídeos, conferencias, tutoriales, mientras la plataforma se enriquece con la publicidad que acoge. Gratuidad total de una parte, y lucro total por la otra, sin contabilizar que se ha pagado a los operadores para tener acceso a dicha plataforma.

En la desmedida del hombre gratis voluntario figura su carácter apolítico, salvo cuando asume los dictados ideológicos que le lleguen a través de los *influenciadores*. Carece, en general, de voluntad crítica y subyace bajo el dominio del nomadismo intelectual. Amorfo y maleable, su estructura mental aparece resquebrajada. Para él, las ideas son como jabones que desaparecen sin saber por dónde y su estado natural es el conformismo.

Esa desmedida se expresa en la pérdida miserable del tiempo. Su actividad ante las máquinas se transforma en mero pasatiempo. En pasar el tiempo, como si fuera infinito. Un trabajador pagado labora ocho horas diarias; un hombre gratis siempre está disponible para trabajar.

Se siente, sin embargo, como un dios de la máquina. Su habilidad frenética para conjugar al mismo tiempo visión, lectura cruzada, escritura rápida, música en los oídos, conversación por el móvil, más un puñado de otras funciones digitales, le otorga, aparentemente, omnipotencia divina. En realidad, se trata de un sujeto-objeto que actúa como un robot humano. Porque se ha dejado arrastrar por los avances tecnológicos, y su avasallamiento le ha arrebatado lucidez. Ha extraviado el quehacer intelectual. No sabe, por tanto, ejercer el criterio. No tiene más patrimonio que adularse a sí mismo en su levadura de sueños de vana gloria.

No se aleja demasiado de la caracterización que propone Baricco para el bárbaro de nuestro tiempo. Forma parte de una población nueva, radicado en el contorno de las innovaciones tecnológicas, que vive el éxtasis comercial, cuyos valores intocables son la espectacularidad y el entretenimiento. Maneja un lenguaje universal torpe, laicista y es amante de la superficialidad, la velocidad, la simplificación y la medianía.

En su desmedida, el hombre gratis cree que interactúa con las máquinas, como si fuesen seres pensantes. Vive en un sofisma cruel. En una farsa patética. Venera un receptor mudo, aunque parlante: la máquina.

Los dueños del ocio

El ocio es la antípoda del negocio. Entre los antiguos romanos, el ocio consistía en dedicarse a actividades no lucrativas, propias del alma: el cultivo de la música, la poesía, las artes, la literatura. Era el universo de las satisfacciones espirituales. El trabajo material se expresaba en el no ocio, en el negocio, donde estaba ausente la actividad artística. Era el *necotium*.

Fue Cicerón quien puso sobre el tapete la expresión *Cum dignitate otium* para expresar la vida tranquila. Un *modus vivendi*. Una forma de vivir. El *otium* era el ocio, manifestación de paz en la vida privada. Tranquilidad reverenciada, tiempo libre fecundo.

En nuestro tiempo el salto hacia atrás ha situado el ocio en el mero plano del entretenimiento, una nueva ecuación vital que surge como consecuencia del aburrimiento.

El hombre actual se aburre con insólito desgano y busca entretenerse para evadir el cadalso del tiempo libre. No tiene avidez de cultura. Su sustento espiritual está en la programación de labores incesantes y frenéticas hasta cuando, aburrido, se convierte en larva de su propia desazón. «El hombre que se aburre asciende a una neutra disponibilidad vital; a la terraza horizontal y lisa, adonde afluyen los sordos rumores que presagian la agresión del destino. Con el aburrimiento se inicia la peregrinación del fracaso», afirma Gómez Dávila.

Como argumentaba Benjamin Constant, el tiempo libre es indispensable para ilustrarse y llegar a poseer rectitud de juicio. En sentido contrario, quien no se ilustra en el tiempo libre, cae en el pozo de la vida ignorante.

La industria del entretenimiento es una de las más poderosas del mundo. La mayor parte del tiempo libre del hombre actual está dedicado a los videojuegos, a navegar por internet y a las redes sociales. La lectura de libros no ocupa un lugar preferente y ha ido perdiendo espacio. Las principales actividades mencionadas toman una buena parte del tiempo de descanso. Según un estudio titulado *Ocio digital*, realizado a través del Centro Reina Sofía, un adolescente suele dedicarles casi siete horas diarias de su ocio a los dispositivos digitales. YouTube ocupa el primer puesto entre las plataformas más vistas en el mundo. Estas estadísticas precisan, con claridad, cuánto tiempo y dinero gasta el hombre gratis en alimentar los ingresos de las grandes compañías tecnológicas. Con sus actos, aumentan el tráfico y el tamaño de las empresas que luego serán vendidas a precios astronómicos. Son los verdaderos dueños del ocio universal.

Hay una alta correlación entre rentabilidad y entretenimiento. No sorprende, pues, que los Estados Unidos sea el segundo país más innovador del planeta al dirigirla hacia nuevas tecnologías aplicables al entretenimiento. Su apuesta estratégica está dominada por crear espacios para colmar el aburrimiento.

El entretenimiento trasciende el descanso humano. Se ha apoderado de él. El sábado dejó de ser el día sagrado del descanso, del reposo, para trastocarse en día del entretenimiento por antonomasia. En el Génesis es el espacio de tiempo que Dios estableció para descansar después de haber creado el mundo. El hombre gratis ha optado por volverlo un lugar común para el entretenimiento. Ese día también trabaja él ansiosamente en su frenética carrera por multiplicar, sin saberlo, las ganancias ajenas.

Recuperar el ocio debería ser un objetivo de nuestro tiempo. Ese tiempo de contemplación y holgura, que tanto bendijeron los griegos, los romanos y los hombres del Renacimiento, debería ocupar nuestras mentes en los arrebatos de la sensualidad y el ardor intelectual.

El trabajo a cambio de un salario significó durante mucho tiempo el propio origen de la palabra latina: *tripalium*, que era un instrumento de tortura empleado para obligar a los esclavos a no cesar en la labor.

El trabajo, gracias a la tradición calvinista puritana, se ha llevado a niveles de intensidad jamás imaginados. Muchos se reconocen en esa vieja dicotomía: ¿Se vive para trabajar o se trabaja para vivir? Me temo que lo primero domina el espectáculo de la intensidad, el paisaje gris del entretenimiento. Pocos recuerdan a Kant en este sentido: «El mayor goce es el descanso después del trabajo».

¿Cuánto tiempo dedica a ello el hombre gratis? ¿Quién lo paga? En una ocasión, Frank Sinatra decidió contratar a Elvis Presley por cinco minutos para su programa de televisión, a cambio de ciento veinticinco mil dólares, a pesar de que el cantante consideraba el *rock* de Presley como un tipo de música lamentable. Entonces le preguntaron por qué pagaba ese dineral si no le gustaba. El cantante respondió sin inmutarse: «¿Quién le ha dicho que soy yo quien paga? Está equivocado. Es el público quien lo hace».

El libro de papel

Como escritor, pero, sobre todo como escritor de libros, no puedo sustraerme a escribir sobre el libro de
papel. Parecería que la revolución digital arrasa con
él como con muchas cosas más. Quiere arrebatarme
a mi compañero de viaje, a mi cercano sabio, a mi
medida del tiempo, al sentido de mi tacto, incluso al
del olfato.

Deslizo mis dedos para reconstruir su proceso
de creación. No solo la creación intestina, cerebral o
poética, sino la hechura del papel, su cosido, sus már-
genes donde garabatear con un trozo de lápiz. Se deja
al tacto en entrega absoluta, como si fuese, en cierto
modo, ingenuidad latente y sesgo de árbol virginal.

Hojas de papel en ciernes, mosaico de letras es-
pléndidas, inscripciones para la eternidad. Remem-
branza del papiro. Aroma de tinta y sangre. La de la
imprenta y la del escritor.

Al ritmo de pasar página emana un perfume siempre igual, siempre distinto. Esencialidad del bosque

diverso. Alientos varios y nostalgia sin ser leído. Propedéutica del libro.

Lomo largo y vista vertical. Columna vertebral de donde se agarra para no descuadernarse. Código de barras, persiana del precio. La portada, la cubierta, el portón de entrada. Grueso, delgado, de bolsillo, de lujo, de gran formato, tapa blanda, tapa dura, en blanco y negro, en color, a color. Como una puerta andalusí o como un portón de casa humilde. Pero puerta que se abre y se cierra, al fin y al cabo.

Primera página: el pulgar y dedo índice agarran la hoja, deslizan las huellas sobre sí misma. Primer paso, siempre articulado y suave y, a veces, cortante. Caricia de gato alerta. Adentro, la expresión. Las expresiones. Lenguaje que traza la lectura, letras de sensación alfabética. Saltos y combinaciones de ideas, o de prosa o de poesía. Volver atrás, de vez en cuando, porque una frase no se dejó domesticar.

Numeración impresa, código del camino, extravío del sendero. Porque en ocasiones la mano se lleva por delante más de una página y, ante la perdición, sucumbe. Revolotea. Tira, entonces, para atrás. De ahí veníamos.

Venta de segunda, libro subrayado, libro de neón. Libro. Igual que aquellas tardes cuando la librería de viejo nos vende ejemplares para cargar debajo del brazo, sin hernia libresca. Alguno será de cabecera y otro de perdón y olvido. Precios bajos y precios de locura. Cada cual leerá la cifra a su manera. Lo que le dicte la conveniencia bibliográfica o la conciencia del bibliótafo.

Mi padre era científico y su biblioteca, más. Hordas de libros de bioquímica, que yo trataba de descuajar para obtener conocimiento. Me había convertido en ratón de su laboratorio. Un día llevó a casa una enciclopedia. Era la Salvat. Varios tomos duros, con letras impresas en negro y dorado sobre tapas de color burdeos. La empecé a leer, pero en la b de bellaco me aburrí porque pesaba más el tomo que el conocimiento enciclopédico. Yo tenía diez años. Después se volvió sabia consulta. Me contaba los significados, las cosas y los hombres.

Como la música en la actualidad, el libro digital es otra cosa. Viola el derecho de propiedad, paradoja del libre mercado. El libro de papel vale emocionalmente desde antes de que llegue a nuestras manos. Camina por entre la inédita mente y se asoma desde su existencia grávida. Es virtud. No virtual. No es un alquilado. Es propio. No es herramienta. Es tributo intacto. De tacto fácil y astucia inquieta.

El libro digital no es objeto del sujeto y adelgaza la personalidad del que lo escribió. Funciona por continuidad mecánica. No se pasan las páginas. Las descargo como meteoritos que apisonan la tierra. Pum. Pum. Pum.

En ausencia del libro de papel, llegará un día en que tendremos más escritores que lectores. Y habrá miles de libros generados por algoritmos. Libro-máquina. Entonces acabará la poética de la prosa para ser sustituida por la letra estéril y reciclable. Basura del desvío.

Libro nuevo sin genomas fósiles ni agua en desperdicio. Libro tan natural como la lectura. Tan noble como el árbol que arruma con sus cánticos de hojarasca. Podo la lectura para extraer su savia. O no la podo y, entonces, me voy por entre las ramas, como mono alerta, hasta la copa donde brota la sabiduría, venga de donde venga.

Cleptomanía versus bibliomanía. No hay como el libro robado. El primero que robé era pequeño y juguetón, tal como yo era en ese momento. Imperceptible. Casi diminuto. Sin ostentación. De tanta obviedad como para que no me atraparan con las manos en la masa. En la masa de papel. Pero no hubo suerte de principiante. Caí infraganti. Asalto a la propiedad privada. Me condonaron la pena de contarle a mi madre mi delito a cambio de que regresara al día siguiente con el dinero para pagarlo. Detuvieron el librito, mientras tanto, que curiosamente narraba la historia de mafiosos, ladrones resolutos. Cumplí y pagué. No era un ladrón empedernido sino un iluso del comunismo bibliográfico.

Ayer me contó la librera que le han robado varios libros en las últimas semanas. O son muy buenos, pienso yo, o los ladrones muy tontos. Se convierten en libros embriagados de mudanza repentina. Libros postulados al premio de la frustración. Pero todavía libros de papel.

EL LIBRO DE PAPEL Y LA FAMOSA
INTELIGENCIA ARTIFICIAL

Como un ejercicio frente a la inteligencia artificial, decidí proponerle a ChatGPT la escritura de un texto sobre el libro de papel. Tras cinco intentos con diversas instrucciones, finalmente pareció lograr un escrito con estilo semejante al mío. Esto fue lo que produjo y el lector podrá compararlo con el texto del capítulo anterior, que escribí antes de acudir a la inteligencia artificial.

Te propongo que escribas un artículo de 877 palabras sobre el libro de papel en estilo de redacción de Mario Jaramillo.

«Por supuesto, puedo escribir un artículo sobre el libro de papel en el estilo de redacción de Mario Jaramillo. A continuación, te presento un artículo de 877 palabras siguiendo su estilo característico:

El Encanto Perdurable del Libro de Papel: Un Viaje en las Páginas de la Tradición Literaria

Por Mario Jaramillo

En un mundo cada vez más digitalizado y orientado hacia la tecnología, el libro de papel sigue siendo un faro de tradición literaria y un testamento perdurable de la riqueza de la palabra impresa. Mientras que los dispositivos electrónicos y las pantallas han conquistado muchos aspectos de nuestra vida cotidiana, el libro de papel se yergue como un oasis en medio de la tormenta digital. En estas páginas, exploraremos el encanto perdurable de este formato tradicional y las razones por las cuales sigue siendo relevante en la era moderna.

La Belleza Táctil de las Páginas de Papel

Un libro de papel es más que una simple colección de palabras impresas. Es un objeto tangible que trasciende lo meramente funcional para convertirse en una experiencia sensorial. La textura del papel, el olor de las páginas impresas y el peso del libro en las manos añaden una dimensión sensorial que ningún dispositivo electrónico puede igualar. El acto de pasar las páginas y sentir el avance de la historia es una experiencia única que se ha arraigado en la memoria de los amantes de la lectura durante generaciones.

Una Pausa en el Tiempo

Los libros de papel también ofrecen una pausa en el tiempo, un momento de desconexión en un mundo hiperconectado. Mientras que los dispositivos electrónicos pueden distraernos con notificaciones y distracciones constantes, el libro de papel nos invita a sumergirnos en su mundo sin interrupciones. Es un refugio tranquilo donde podemos enfocarnos en la narrativa, enriquecer nuestras mentes y descansar de la agitación del mundo digital.

La Estética de la Biblioteca Personal

Cada libro de papel que poseemos se convierte en una parte de nuestra identidad y una expresión de nuestros intereses y pasiones. Las estanterías llenas de libros de diversos géneros y autores son una forma de arte en sí mismas. La belleza de una biblioteca personal es un testimonio de nuestro compromiso con el conocimiento y la exploración literaria. Además, poder hojear físicamente los títulos en busca de inspiración es una experiencia inigualable.

La Fidelidad de la Tradición Literaria

El libro de papel también es un guardián de la tradición literaria. A lo largo de los siglos, ha sido el medio principal para preservar y transmitir la sabiduría, la cultura y la creatividad de la humanidad. Desde los pergaminos antiguos hasta los manuscritos medievales y los libros modernos, este formato ha sido un compañero constante en el viaje de la humanidad a través del conocimiento. La continuidad de esta tradición es un recordatorio constante de nuestra conexión con el pasado y nuestra responsabilidad de preservarla para las generaciones futuras.

El Poder de la Inmersión Literaria

Uno de los aspectos más sorprendentes del libro de papel es su capacidad para sumergirnos en la historia de una manera que ningún dispositivo electrónico puede igualar. Cuando sostenemos un libro en nuestras manos, nos sumergimos en un mundo imaginario creado por las palabras del autor. Nos convertimos en observadores silenciosos de la vida de los personajes y viajamos a lugares lejanos sin salir de nuestro sillón. La inmersión en la historia es más profunda y significativa cuando se realiza a través de las páginas de un libro de papel.

La Conexión entre Autor y Lector

El libro de papel también establece una conexión única entre el autor y el lector. Al leer un libro impreso, sentimos una cercanía con el autor a través de las palabras impresas en las páginas. La relación se siente más íntima, como si el autor estuviera compartiendo una conversación privada con nosotros. Esta conexión especial entre autor y lector es una de las razones por las cuales los libros de papel siguen siendo una elección preferida para muchos lectores ávidos.

El Encanto de la Portada y la Tipografía

La portada de un libro de papel es su carta de presentación, y la tipografía utilizada en su diseño es una forma de arte en sí misma. El diseño de la portada y la elección de la tipografía pueden capturar la esencia de la historia y atraer a los lectores desde el primer vistazo. Estos elementos visuales contribuyen a la experiencia de lectura y hacen que cada libro de papel sea una obra única y valiosa.

Un Legado para las Generaciones Futuras

Los libros de papel no solo son un placer para el presente, sino también un legado para las generaciones futuras. A medida que pasamos nuestros libros a nuestros descendientes, compartimos no solo historias, conocimiento y entretenimiento, sino también una parte de nuestra propia historia y valores. Los libros de papel se convierten en tesoros familiares que trascienden el tiempo y mantienen vivas las conexiones entre las generaciones.

En conclusión, el libro de papel sigue siendo un tesoro literario que resiste el paso del tiempo. Su belleza táctil, su capacidad para desconectar y su papel como guardianes de la tradición literaria lo hacen insustituible en la vida de los amantes de la lectura. En un mundo en constante cambio, el libro de papel nos ofrece una ancla en la rica tradición literaria de la humanidad. Mientras las palabras sigan siendo una forma de expresión y comunicación, el libro de papel perdurará como un compañero fiel en nuestro viaje a través de las historias y el conocimiento».

Observaciones divergentes frente al texto de la inteligencia artificial:

La inteligencia artificial optó por emplear subtítulos, que no se corresponde con mi estilo de escritura. Empleó mayúsculas y minúsculas en tales subtítulos, ajenas a mi forma de escribir. Recurrió a gerundios que yo no hubiese empleado. Y cometió algunos errores de ortografía, que a mí no se me hubiesen pasado por alto.

En las instrucciones para escribir el texto no le mencioné el robo de un libro de papel en una librería. Le di, de nuevo, indicaciones más precisas en todos los sentidos. Redactó el escrito, pero no encontré parecido con el mío. Sin embargo, al final, después de fijar una supuesta posición ética mía, escribió cuatro párrafos, cercanos a mi escritura literaria, donde empleó la ficción e hizo referencia al novelista Gabriel García Márquez, como si hubiese descubierto mi nacionalidad colombiana. Esto fue lo que escribió la inteligencia artificial:

Te propongo que escribas un artículo de 877 palabras en el estilo de redacción de Mario Jaramillo donde te refieras a la hechura de un libro de papel, sus principales características, las diferencias con el libro digital, lo que significa leer en un libro de papel y robar un libro de papel en una librería.

«La Hechura de un Libro de Papel: Un Vínculo entre Pasado y Presente.

Por ChatGPT, en el estilo de redacción de Mario Jaramillo.

Fragmento final:

Robar un Libro de Papel en una Librería: Una Escena Ficticia

[Nota del autor: El robo es un acto ilegal y no se promueve de ninguna manera. La siguiente escena es puramente ficticia y no debe ser tomada como un estímulo para cometer delitos.]

El olor a papel antiguo impregnaba el aire de la librería, donde las estanterías albergaban tesoros literarios que aguardaban ser descubiertos. En medio de esa penumbra literaria, un hombre de aspecto sombrío se deslizaba como una sombra. Miró furtivamente a su alrededor, asegurándose de que nadie lo observara.

Sus dedos, impregnados de ansiedad, se posaron sobre el lomo de un libro en particular. Era una edición antigua de "Cien años de soledad" de Gabriel García Márquez, con las páginas amarillentas y un aroma que evocaba la magia de Macondo. Con manos temblorosas, lo deslizó bajo su abrigo, sintiendo el peso de la historia en sus manos.

A pesar de su acción, no podía evitar sentir la carga de su crimen. Robar un libro de papel no era solo un acto de robo, era un ultraje a la herencia cultural y literaria. En ese momento, comprendió que la verdadera riqueza de un libro de papel no se encontraba en su valor material, sino en su capacidad para transportar a quien lo leía a mundos inexplorados.

Con el libro oculto bajo su abrigo, el hombre salió de la librería, sintiéndose más pobre que antes, a pesar de su botín. Sabía que había robado algo más que un objeto; había robado una parte de la historia, de la humanidad misma».

¿Tendrá, entonces, razón Sanguinetti cuando afirma que «Podremos automatizar la escritura, incluso la buena escritura. Pero el cuidado que nos transmite otro ser humano al escribir con atención seguirá siendo un valor exclusivo e imposible de masificar»? El lector dirá.

LA VIRTUD MEDITERRÁNEA

El fotógrafo Brandon Stanton se sintió atrapado en Nueva York por la figura de hombre elegante, de gabardina y bufanda, sentado en un pequeño banco donde bebía café. Le habló y Stanton grabó en su mente una frase del hombre: «Cada americano debería vivir en el Mediterráneo por lo menos un año. Nosotros tenemos una ética calvinista del trabajo transportada desde el norte de Europa. Cuando usted vive en el lugar más bello del planeta, eso parece menos y menos importante». En esto podría sintetizarse la virtud mediterránea.

El escritor Craig Lambert dice que «El trabajo es para los americanos, lo que el vino es para los franceses: un bien incuestionable». Pero no solo para los franceses, sino para los españoles, los italianos, los griegos. Esencia del mismo Mediterráneo y clave superlativa del ocio pagano.

Luis Racionero proponía hace cuarenta años el retorno al principio griego de «nada en exceso» y un cambio de valores, ideales y arquetipos para cambiar el comportamiento de la sociedad. Dejar atrás el hedonismo, el utilitarismo y evitar el consumo frenético de las cosas.

«Nada en exceso» es una sentencia razonable, incluso emotivamente. El justo medio. Tiene mucho de Aristóteles, desde luego de Plutarco o Terencio y no menos de san Agustín, que además completaba el proverbio con su idea de que la sabiduría es mesura. Se puede ser feliz, agregaba, en la mesura porque en ese plano se evita la infelicidad que contiene el deseo insaciable de querer satisfacer más necesidades de las que en realidad tiene el hombre sensato. San Agustín hablaba de *frugalitas*, madre de todas las virtudes, que es la moderación, la contención. En otras palabras, el dominio de sí mismo.

Se debe saber vivir. En el mediodía de la moderación aristotélica está el meollo del asunto. No en la medianía. Uno de los grandes males de la humanidad, afirmaba Rousseau, se observa en los extremos de la vida: el exceso de ociosidad y el exceso de trabajo. Esto último, propio del mundo anglosajón, se ha bautizado como *workaholism* —adicción al trabajo—, una rampante enfermedad social.

Una civilización, empleando los términos de Auguste Comte, consiste en el desenvolvimiento del espíritu humano. Si aceptamos por un momento la definición de Comte, tendríamos que afirmar, en consecuencia, que ahora sucede lo contrario: tenemos una civilización sin espíritu. La civilización de la superficialidad o tal vez, la civilización de la incivilización. O la civilización inculta.

Cada cual tiene una idea o una definición de civilización, y, cómo no, de cultura. Hay miles de interpretaciones y la humanidad ha producido miles de definiciones.

La cultura no es un conjunto de valores. Eso es un resultado. La cultura consiste en rendirle culto a los valores. Pero no a cualquier valor, sino al que ha pervivido a través del tiempo. Ha pasado la prueba de la historia y es, por tanto, hereditario. Y se les rinde culto a los valores porque han demostrado su validez, su influjo, su capacidad de ayudar al hombre a entenderse a sí mismo y a sus semejantes. «Cultura es lo que queda entre las ruinas, aquello que aparece cuando se ha derrumbado lo que es apariencia y exterior y ornato», dice Manilla. La definición es buena porque contiene la noción de lo importante. La importancia de los valores, que es lo que queda ahí, como un cúmulo humilde de verdades y certezas. Los valores son pobres de ropaje y ricos en densidad humana. Los valores que tenemos constituyen lo que somos. Lo que nos contamos sobre nosotros mismos, ante el dilema moral, es la prueba de lo que somos.

Si no hay algo a qué rendirle culto significa ausencia de cultura. Lo imperante en la actualidad es superfluo, banal, efímero, inconsistente. Nuestro tiempo está vaciado de cultura y lo que hay es un conjunto de emociones materiales que impregnan la acción humana. El espectáculo forma parte de la cultura. El entretenimiento, también. Siempre ha sido así. Pero, si absorbe todo, si se convierte en valor, si solo existe cultura-espectáculo, cultura-entretenimiento, hay una total desculturización. Y la desculturización genera confusión, extravío, naufragio, automatismo.

Manilla dice: «La cultura dominante es la cultura de masas globalizada, y cabe la posibilidad de que no estemos únicamente ante un cambio en los hábitos culturales sino ante un cambio de civilización». Pero ¿qué se entiende por civilización?

Sara Danius sostiene que civilización hace referencia a la autoconsciencia del mundo occidental en general, particularmente con respecto a sus logros tecnológicos. Denota, pues, progreso tecnológico y consciencia del mismo. Dominio de la naturaleza, como lo expresan los arqueólogos. En tal sentido, se puede ser más civilizado, pero no necesariamente más culto. La civilización es un conglomerado de técnicas; la cultura, un conglomerado de conceptos. La cultura implica no el dominio de la técnica o de la tecnología, que es la civilización, sino el juicio, la valoración, el criterio. La capacidad del hombre para conceptuar y, por tanto, para distinguir entre el bien y el mal.

Entonces culturizar la civilización sería un ejercicio práctico. *Prágmata*, decían los griegos. En cuanto a la tecnología supone, pues, dominarla. Y tener el dominio sobre ella significa ausencia de sometimiento. Significa que el hombre está libre de su posible imposición. Traduce un sentido de limitación. La máquina limitada a lo que es y a lo que deber ser. Y es que el hombre tiene la facultad de civilizar la máquina, la tecnología. La poderosa facultad de *no ser* esclavo suyo. La unción de la máquina consiste en trepar los peldaños en dirección hacia ella hasta encontrarla en lo alto de la cima donde luce como oráculo sagrado. Entonces, por una rendija secreta, pareciera que una voz lanzara un anatema: la necesidad es un múltiplo infinito.

Existe un *homo economicus* en cada uno de nosotros. Pero hay que domesticarlo y situarlo en un plano culturalmente civilizado. El hombre pierde libertad cuando el aumento de las necesidades depende de un control programado. No se trata, pues, de tener una concepción económica de la historia, sino de evitarla. Con el dinero coexisten otras expresiones más humanas donde el hombre, por ejemplo, es capaz de hacer frente a sus semejantes. La solidaridad es más ilustre que el comercio.

Hay muchas razones para el optimismo. Desde cuando el hombre salió de las cavernas hasta nuestros días los logros han sido prodigiosos: el ser humano prospera, se educa masivamente, su expectativa de vida es mucho mayor, tiene acceso a más servicios, se alimenta mejor. Pero esto no significa perder de vista la desigualdad existente entre sociedades más avanzadas y las más pobres o aquellas que se hallan en la clase media de los indicadores globales.

En muchos de esos países pobres, de pequeñez inocultable, se quiere vivir a lo grande. Viven el juego de la paradoja. Mientras acceden a la revolución digital, y se comportan como si fueran naciones bendecidas por la tecnología, la mayoría de sus habitantes están bajo el umbral de la pobreza y sus niños mueren de sed o caen en la prostitución infantil. Son países contrahechos, abiertamente contradictorios, casi siempre gobernados por la corrupción y el desafuero de sus agentes económicos. Juegan a ser grandes y, sin embargo, son patéticamente enanos. Víctimas de la grandilocuencia.

En Iberoamérica, donde 200 millones de habitantes viven en la pobreza, hay más teléfonos móviles que personas, según el Banco Mundial. En 2021 un poco más de 5 millones de personas en ese continente entraron en la pobreza extrema, mientras se vendían 134 millones de teléfonos móviles.

En Iberoamérica 440 millones de personas tienen acceso a internet, casi un 70 % de la población total, según un informe del Banco Interamericano de Desarrollo (BID). Mientras tanto, 131,3 millones de personas en la región no pudieron costear una dieta saludable en 2020, un aumento de 8 millones con respecto al 2019, según la Organización Panamericana de la Salud. La gente muere de desnutrición y sed, mientras el Estado y la empresa privada muestran las cifras de crecimiento tecnológico como una panacea. La grandilocuencia del enanismo.

Un dato sobrecogedor cita el ensayista Manilla. Hay más personas en el mundo con teléfono móvil que con acceso a un retrete: 6000 millones frente a 4 500 millones. La tecnología por delante de las necesidades básicas.

El sector profesional más demandado en la actualidad es el de aquellas profesiones que reclama la revolución digital: ingenieros, programadores, expertos en inteligencia artificial, robótica. La demanda se dirige hacia ellos y los mejores salarios también.

Desde la oferta es notable que aún faltan miles de graduados en esas disciplinas. Asistimos a la época del STEM, esa sigla en inglés que concentra el foco actual de atención de la educación: ciencia, tecnología, ingeniería y matemáticas.

Si al mundo le faltan 4 millones de expertos en tecnología digital, también le falta destino. Si solo nos ocupamos de cubrir falencias técnicas es porque nos regimos por una errónea postura utilitarista. La cuestión de fondo va mucho más allá. Además de la formación técnica, ¿qué tipo de educación reciben quienes pertenecen al universo del STEM? ¿Se les enseña humanidades, se les enseña a dignificar a la sociedad? ¿Se les prepara para que comprendan y defiendan los valores humanos? Se les debe enseñar humanidades, por supuesto, porque ellas humanizan. No pasan de moda porque frecuentan los terrenos de la trascendencia y han delineado la grandeza del hombre, su propia correspondencia consigo mismo. El quehacer humano se ha forjado sobre su esencialidad.

Las grandes universidades, sin embargo, no han abandonado las humanidades. En muchas de ellas, constituyen su columna vertebral. Miles de estudiantes, no obstante, las encuentran inútiles en un sentido benthamista. Aunque la demanda por las humanidades es cada vez más escasa, las universidades deben persistir en mantenerlas y no deben eliminar su oferta, sino tornarlas en una disciplina necesaria, como atinadamente sucede en algunas de esos centros del saber. Por fortuna, la educación liberal aún se asienta en ellas. En palabras del exdecano de la Facultad de

Artes y Ciencias de la Universidad de Harvard, Henry Rosovsky, la educación liberal no es ni nada más, ni nada menos que enseñar, a través de la literatura y el arte, de las bases de la ciencia, de los estudios históricos, del análisis social, de las culturas extranjeras y del razonamiento moral, a que los estudiantes ganen conocimiento y entendimiento del universo, de la sociedad y de sí mismos. Concluye, en su libro *The University*, que «el entendimiento humano no puede reducirse a hacerle al ordenador unas cuantas preguntas».

También es verdad que las disciplinas STEM cuentan por anticipado con enormes ayudas estatales en las naciones más desarrolladas del mundo. De ellas depende el poderío económico. Las humanidades, por el contrario, son la Cenicienta de la noche. Pero este hecho no puede oscurecer una verdad infalible: las humanidades son el estimulante natural del enriquecimiento intelectual. Su savia sabia.

El humanista, aunque cada vez se acepte menos esta connotación, es el guardián de la esencialidad humana, pero no frente a posibles agresiones externas, sino ante el hombre mismo cuando yerra, cuando desaloja su carácter enriquecedor. Por eso, las humanidades no son antropocéntricas, como a menudo se sugiere, porque no miran desde el hombre hacia abajo, sino hacia el hombre desde dentro.

Incluso un científico de la talla de Edward O. Wilson, profundo naturalista, no censura a las humanidades, sino a las humanidades con antropomorfismo extremo. Admite así un antropomorfismo natural, equilibrado y equilibrante. El propio Wilson parece resumir el papel de la tecnología y el humanismo cuando afirma que «la tecnología nos dice lo que es necesario para ir a donde queremos, mientras el humanismo nos dice a dónde ir con lo que produce la ciencia (la tecnología)».

Lo que hacen las humanidades es reentender al hombre después de entenderlo. El hombre es apropiación del humanista. Guardián suyo. En últimas, el humanismo se sucede cuando el hombre persigue fines trascendentales, precisó Jean Paul Sartre. Y en este sentido el humanista es el defensor de ese hombre y de esos fines.

Por tanto, una mirada humanista de la tecnología pasa por sopesar si la inteligencia artificial altera los fines trascendentales del hombre, si pone en juego sus valores o trata de ser un fin en sí misma. Entonces ahí, en ese punto, será problemática. Pero si no es así, entonces tiene sentido hablar de un tecnohumanismo, como lo sugiere Sanguinetti, que no es solo un equilibrio lingüístico entre tecnología y humanismo, sino un equilibrio entre lo ético y lo estético. Un avance tecnológico, pues, debe analizarse para saber si constituye un progreso moral. Es decir, humano.

Jaron Lanier parte de un supuesto: se requiere fortalecer la clase media porque el mundo vive, desde hace unas décadas, un proceso de franca reducción y pérdida salarial. Habla desde hace varios años de la «economía de la información humanista», una propuesta basada en la experiencia obtenida como tecnólogo. Parte de la base de que la información siempre se convierte en dinero. Y, en consecuencia, las fuentes de información, los usuarios de la red, deberían recibir una compensación económica por la información que aportan. Deberían convertirse en asalariados. Bajo este modelo, se busca alcanzar la dignidad económica a través de pagos —nanopagos y micropagos— que recibe la persona por su aporte a la red. Se trata de monetizar su contribución porque cada contribución debería tener un precio.

Para Lanier, si la clase media —donde se ubica la mayoría de usuarios del universos digital— recibe una compensación monetaria, se fortalecería con tales ingresos y, a la vez, con su gasto e inversiones mantendrían en funcionamiento el aparato productivo. No habría, según él, contracciones económicas. Al estar compuesta por consumidores, esa clase media impedirá que se sucedan porque es el motor de la demanda, que a su vez estimulará el lado de la oferta. Y, por otra parte, es un medio de combatir el desempleo que genera la propia revolución digital.

Según Lanier, si se paga por la información personal recogida por las redes digitales, se estaría ante un derecho fundamental y universal. Un derecho digital. Somos los dueños de esa información. Somos sus propietarios. Las redes deberían saber que a la gente le encantaría que le pagase, así como a ellas les gusta que les paguen. Es una cuestión de reciprocidad, que en la actualidad solo beneficia económicamente a los *influenciadores*, cuyos ingresos dependen de la publicidad que realicen para empresas y marcas.

Wilson parte del hecho de que la tecnología no es hostil al humanismo. El científico, en sintonía con estas inquietudes, marcadas por choques entre tecnología y humanismo, invita a pensar en lo que él denomina ciencia humanista. En la reciprocidad entre ciencia y humanidades. Un espacio común, según él, que requiere de científicos preparados en los estudios de las humanidades y humanistas que comprendan y le presten atención al descubrimiento científico. Ciencia humanística o humanidades científicas. He ahí la clave, según el profesor Wilson.

No parece discutible su planteamiento. Tanto las humanidades como la ciencia son puntos de partida del conocimiento del hombre. Por tanto, no son excluyentes. Al contrario, el peligro asoma cuando se distancian una de la otra. No puede perderse de vista que en la Antigüedad la ciencia fue hija favorita de las humanidades. Se llamaba, entonces, filosofía natural.

«¿Tienen creatividad las máquinas?», es una pregunta que merodea especialmente entre los científicos. Se podrían llenar cientos de páginas con posibles respuestas. Quizás convendría cambiar el interrogante por uno como el siguiente: ¿Pueden crear las máquinas? No. Las máquinas no crean. Son los hombres quienes alimentan las máquinas para que parezca que crean. Ellos proporcionan la información y los datos indispensables para simular que crean. Esta es la única certeza que tenemos. Pueden incluso escribir poesía, por supuesto, pero no arte poético, que es donde prevalece el talento humano. El algoritmo es incapaz de crear un soneto artístico. Si la máquina llegara a tener una pizca de creatividad, es porque se la ha proporcionado el hombre. Pero esa probable pizca no es más que una copia y la máquina se diferencia del hombre porque el hombre sí puede crear, auténticamente, a su antojo, sin programación alguna.

Debemos hallar un optimismo antropológico. Debe buscarse la posibilidad, siempre humana, de no rendirse ante los pasos de la incivilización, que consiste en extremar las fuerzas y el poder de aquello que la civilización crea para el regocijo de las personas. Baricco lo dice esta manera en su ensayo *Los bárbaros*: «Lo que llegaremos a ser sigue siendo hijo de lo que quisiéramos llegar a ser. Así que se vuelven importante el cuidado cotidiano, la atención la vigilancia... Poner a salvo todo lo que apreciamos».

Lambert es menos optimista y predice un futuro sin cambio de dirección: «El retrato emergente del futuro es de grandes instituciones tomando el control de una parte cada vez mayor del esfuerzo humano, canalizando más tiempo de cada individuo hacia los fines esencialmente económicos de la producción y el consumo. Las empresas, los gobiernos, los sindicatos, las organizaciones sin ánimo de lucro y el mundo académico comparten el objetivo de implicar más a las personas en la actividad económica, es decir, en las cosas que generan dinero. Trabajar, ganar, comprar. Crear un crecimiento económico sin fin».

La revolución digital podría dar lugar a un totalitarismo si reduce definitivamente al hombre a la subordinación de la máquina. No es muy diferente cuando se afirma que el totalitarismo es la subordinación del ser humano a un partido, a una figura, a una ideología que socave la libertad. Cualquier subordinación total es totalitarismo, sea a un sistema político o a un sistema económico. Y el totalitarismo siempre se alimenta de seres que renuncian a la libertad.

Debe observarse con cuidado esa corriente que habla de la cultura de lo no humano. Trata de señalar que el hombre se ha volcado hacia fuera de la especie humana para indagar por los objetos y los animales. Lo primero es que animales y cosas siempre han llamado la atención del hombre y le han prodigado interés de todo tipo. El culto a los objetos es antiquísimo. La sensibilidad por los animales es tan remota como el hombre mismo. La escritura literaria podría dar miles de ejemplos. No hay ninguna novedad al respecto, salvo que el ejercicio lleve, desde las disciplinas intelectuales, a referirse, por ejemplo, a la sociología de los objetos. En la pila bautismal del esnob, el agua corre a chorros.

Pero aquí también tenemos una certeza: lo no humano se hace desde lo humano. El hombre, por ejemplo, cuando ama a los organismos vivos toma de sí lo realmente humano. Lo instintivamente humano. Cuando no, hace entonces una afirmación de su irracionalidad. La naturaleza es lenguaje poético en forma de satisfacción. El arte de la naturaleza. Es eso que el profesor Wilson llama la biofilia: «La tendencia innata a prestar atención a la vida y a los procesos naturales». Esa tendencia llega incluso a aproximarnos a aquellos animales depredadores para entender su instinto y hacia organismos vivientes que el hombre engancha a sus miedos ancestrales —genéticos— pero también a sus mitos, como la serpiente o las ratas.

Lo segundo es que la ecología no es una disciplina de lo no humano, de la cultura de lo no humano, como también suele afirmarse. De ninguna manera. La ecología es humanidad. De la existencia y perpetuación del ecosistema planetario depende el hombre. ¿Quién más puede interesarse por él? La libertad racional, un concepto válido como ejercicio del pensamiento y a la vez práctico, debe guiar al hombre a conservar el medio ambiente porque es conservar la misma vida humana.

Lo trágico de la existencia se revela como la libertad que tenemos para traicionar la confianza en los demás. Pero reconocerse en los otros puede abrir el campo de la fidelidad espontánea y humilde, como modo atenuante de esa condición trágica. El sufrimiento del otro no debería ser ajeno, sino encarnación del sufrimiento próximo, del vivir los demás en uno mismo, es decir, solidaridad en la existencia. Existir en los otros, en su sufrimiento, aun cuando se escape singularmente a él. Hoy lo llaman empatizar, que es ponerse en la piel del otro, comprender los sentimientos del prójimo, que es el próximo. Solidaridad a secas.

El hombre es a la vez egoísmo y solidaridad. Así es la naturaleza humana. Es una cuestión genética. Pero el hombre tiene el juicio para ser más o menos consecuente con cada ingrediente. Para resolver el conflicto entre ambos, debe disolver las fuerzas negativas en un mar de posibilidades cooperantes. Razonar del lado civilizador. Situación lejana del individualismo funcional, halagado por el cálculo de utilidades y no por una premisa humanista, el mayor intangible de cualquier sociedad solidaria.

No debe confundirse el individualismo funcional con la uniformidad de los individuos. El individualismo funcional es la consecuencia del hombre aislado. El hombre que, ante las máquinas y las pantallas, es rey y odia las rivalidades. La uniformidad de los individuos, en cambio, es consecuencia de la imposición por igual de cosas y modas, donde el hombre gratis es irremediablemente esclavo.

Sublevarse no es lo mismo que revolucionarse. Sublevarse significa que previamente ha susurrado en nuestro interior una revuelta espiritual. Revolucionarse, en cambio, implica alteración, casi siempre violenta, que patalea en los extremos. Desde la Grecia clásica hasta el siglo XX la sublevación ha fungido en manos de un Platón, un Sócrates, un Nietzsche o un Kant.

Abusemos del lenguaje y digamos que las personas somos máquinas de pensar. Fabricamos y producimos pensamientos. Ninguna máquina artificial compite con el individuo en este sentido. Por tanto, el algoritmo jamás sustituirá el cerebro humano. Ni el cerebro humano será superado por el mejor *chip* hecho por el hombre. La concepción numérica del hombre somete el alma a la privación de su naturaleza. Es decir, rige en contra de sí mismo. No se puede cohabitar socialmente si no se da el paso previo de la convivencia. Es aquí donde surge la verdadera creación, en ese intercambio físico, casi colectivo, que elude sabiamente el aislamiento individual. Las cosas deben obedecer a los hombres y no viceversa. Sublevarse contra ellas es retornar a la esencia humana. A su libertad.

La virtud mediterránea se recuerda en el filósofo estoicista Cleantes de Asos. Cuando en Atenas quisieron concederle una renta vitalicia, se opuso y respondió con su ser volcado en la totalidad del *modus vivendi* del pueblo griego: «El hombre debe vivir de su trabajo, que es también su mejor recompensa». El hombre gratis, por necesidad o coerción, vive en una constante transgresión a la virtud mediterránea, que consiste en el acto constitutivo de la acción de columpiarse, de mirar hacia arriba y hacia abajo, con el alma tensada por el misterio, sin perder los equilibrios.

Como expresa Wilson, «Infinitamente desconcertados hemos sido catapultados a una era tecnológica que con el tiempo puede suministrar instrucciones adecuadas a los robots, pero no a los antiguos valores y sentimientos que nos mantienen indeleblemente humanos». Esa búsqueda nos corresponde a todos. Las instrucciones para vivir deben iluminar la estela hacia lo profundamente humano.

Entonces recuerdo al filósofo español Jorge Santayana:

Sopesamos ahora los estragos del tiempo,
gemimos bajo el peso del ostentoso oro;
ninguna bacanal seduce nuestro oído
ni guía nuestra danza al templo en la espesura;
la esperanza del cielo no endulza nuestras lágrimas
ni logra que enmudezca el molesto dolor.

Bibliografía Recomendada

BARICCO, ALESSANDRO, *Los bárbaros. Ensayo sobre la mutación*. Anagrama, 2008.

BAÑOS BAJO, PEDRO, *La encrucijada mundial*, Editorial Ariel, 2023.

COHEN, DANIEL, *Homo numericus*, La esfera de los libros, 2023.

DANIUS, SARA, *The Sense of Modernism, Technology, Perception, and Aesthetics*, Cornell University Press, 2002.

LAMBERT, CRAIG, *Shadow Work: The Unpaid, Unseen Jobs That Fill Your Day*, Counterpoint, 2015.

LANIER, JARON, *Who Owns the Future?*, Simon & Schuster, 2014.

MANTILLA, ANTONIO, *Ciberadaptados*, La Huerta Grande, 2016.

OLIVENNES, DENIS, *La gratuidad es el robo*, Fnac, 2008.

RACIONERO, LUIS, *Del paro al ocio*, Editorial Anagrama, 1988.

SANGUINETTI, PABLO, *Tecnohumanismo*, La Huerta Grande, 2023.

VARGAS LLOSA, MARIO, *La civilización del espectáculo*, Alfaguara, 2012.

WILSON, EDWARD O., *Biophlia*, Harvard University Press, 1984.

——, *The Origins of Creativity*, Liveright, 2017.

La primera edición de este libro se terminó
de imprimir en Madrid
en el mes de septiembre de 2024